从补贴推动
到内源驱动

中国新能源汽车产业
的转型发展

叶瑞克 著

ZHEJIANG UNIVERSITY PRESS
浙江大学出版社
·杭州·

图书在版编目（CIP）数据

从补贴推动到内源驱动 ：中国新能源汽车产业的转
型发展 / 叶瑞克著. — 杭州 ：浙江大学出版社，
2023.3
　　ISBN 978-7-308-22774-2

　　Ⅰ. ①从… Ⅱ. ①叶… Ⅲ. ①新能源－汽车工业－产
业发展－研究－中国 Ⅳ. ①F426.471

中国版本图书馆CIP数据核字(2022)第107207号

从补贴推动到内源驱动——中国新能源汽车产业的转型发展

叶瑞克　著

责任编辑　金佩雯

文字编辑　蔡晓欢

责任校对　潘晶晶

封面设计　雷建军

出版发行　浙江大学出版社
　　　　　（杭州市天目山路148号　　邮政编码310007）
　　　　　（网址：http://www.zjupress.com）

排　　版　杭州林智广告有限公司

印　　刷　杭州杭新印务有限公司

开　　本　710mm×1000mm　1/16

印　　张　11

字　　数　180千

版 印 次　2023年3月第1版　2023年3月第1次印刷

书　　号　ISBN 978-7-308-22774-2

定　　价　60.00元

不知道原因的结果，谓之"缘分"。2009年7月，我和夫人倪哲明教授第一次去美国。我们到旧金山硅谷以后，我夫人的同窗——杭州大学（现浙江大学）化学系77级的丁尼女士（Ni Nadine Ding，PhD，美国医学和生物工程院院士）开着最新的混合动力汽车——日本丰田普锐斯（PRIUS Hybrid）来接我们。寒暄之余，她兴致勃勃地介绍这辆新购的混合动力汽车如何省油节能，每一次刹车或下坡都在回收能量，为车载电池充电；电动汽车启动快、噪声低、行驶平衡、能耗也低，其综合油耗仅3.57L/100km。最后，丁尼博士说，美国政府在大力推广纯电动汽车，提出"把汽车插到电网上"（vehicle-to-grid）是应对气候变化的有效路径。

说者无心，听者有意。为此，我们在美国近两个月时间里一直在留意和寻找电动汽车的最新研究成果。最后，我们选了两本书：一本是时任美国能源部政策与国际事务助理部长大卫·桑德罗（David B. Sandalow）编著的《插电式电动汽车：华盛顿扮演什么角色？》（*Plug-in Electric Vehicles: What Role for Washington*），这是由学者和官员撰写的论文集，讨论电动汽车的发展意义、市场路径、政府角色和相关政策；另一本是美国特拉华大学教授莱纳德·贝克（Leonard J. Beck）的专著《V2G-101：车网互动技术的文献》（*V2G-101: A Text about Vehicle-to-grid Technology*），主要围绕电动汽车的"三电技术"（电池、电控和电机）来开展技术发展领域的研究。

大学既是科研中心，又是教学中心；既要潜心学术研究，又要回应社会发展要求。学术种子需要播种，研究生培养需要载体和抓手，开展全方位、系统性的新能源汽车研究成为低碳经济研究的重要内容。2009年秋，我回国后，交给叶瑞克的第一个任务就是组织研究生翻译这两本书。由此既能学习专业英语，也能了解科技发展前沿。2010年初，我与叶瑞克在《浙江经济》上共同发表了《汽车制造的"低碳革命"》一文，提出从应对气候变化、确保能源安全角度，电动汽车将推动传统汽车制造业的"低碳革命"，并告诫政府"浙江不能缺席电动汽车发展的新浪潮"。值得欣慰的是，浙江已涌现出吉利、零跑、哪吒、康迪等新能源汽车新势力品牌。

在大学，学术研究与人才培养是相得益彰、相辅相成的。发表学术研究论文是培养研究生思考和解决问题能力的具体形式，参加学术大奖赛是检验研究

序

触摸时代脉搏　播育学术种子

2021 年，一个秋日上午，当我和夫人正驾驶着特斯拉（TESLA Model 3）电动汽车在高速上体验自动辅助驾驶的乐趣时，研究团队的优秀青年教师、副教授叶瑞克博士发来了微信。他即将出版专著《从补贴推动到内源驱动：中国新能源汽车产业的转型发展》，特邀我作序："这是团队多年研究成果的结晶，由您作序，会很有意义，也会让这本书更有价值。"这可谓是"一石激起千层浪"。一方面，我感慨长江后浪推前浪，青年人已走在时代前沿，步入社会中心，用学术研究成果表达对专业领域的思考与探索；另一方面，写序也激起了我回首往事的心潮，不由得回望历史的涟漪。

忆往昔峥嵘岁月稠。自 2004 年以来，"循环经济与绿色发展"一直是浙江工业大学绿色低碳发展研究中心及研究团队的主要研究方向。2008 年，我们研究团队在中国顶尖期刊《中国工业经济》上发表了学术论文《低碳经济：人类经济发展方式的新变革》（注：目前该论文的被引量高达 1223 次，位于该期刊创刊以来论文他引率排名前六），标志着"低碳经济与应对气候变化"成为我们研究团队的重要研究方向。叶瑞克也是此时从行政岗位转入教师序列，加入我们研究团队，并成为研究团队的核心骨干。

大学研究有三个层次：一是高屋建瓴，穷理尽性做学问；二是心无旁骛，凝神聚气搞学术；三是脚踏实地，问题导向究事理。社会需要学者用哲学的素养、科学的精神、理性的态度、专业的能力呼应和破解不断变化的各类科技、经济、社会问题，为政府管理建言献策，为社会发展献计献策，为企业运营出谋划策。从这个角度看，对新能源汽车的系统研究是研究团队"触摸时代脉搏，把握发展趋势"的成功典范。虽然许多事看起来顺理成章、水到渠成，但我更相信缘分和努力。

成果的重要平台。在绿色低碳发展研究中心的研究团队骨干教师——叶瑞克博士、蒋惠琴博士、苗阳博士、陈峰博士等指导下，硕士研究生们，如朱方思宇、范非、欧万彬、欧雯雯、房凯、陈秀妙、吕琛荣、李亦唯、高壮飞、刘康丽、倪维铭、陈佳巍、王钰婷等，陆续发表了一系列关于新能源汽车发展的中英文论文，受到学界、政界、商界的广泛关注和好评；学生团队获得"挑战杯"全国大学生课外学术科技作品竞赛一等奖、全国大学生能源经济学术创意大赛特等奖和全国大学生节能减排社会实践与科技竞赛二等奖等。叶瑞克于2015年成功申报浙江省社科规划课题"电动汽车应用推广对策研究"；于2017年成功申报国家社科基金项目"后补贴时代我国新能源汽车推广应用政策研究"。本书是其与团队多年的研究积累、最新的研究成果，值得喝彩和鼓掌。

转眼十二年，弹指一挥间。中国新能源汽车经历了从政府推动、政策补贴到政策退坡、市场拉动、科技创新、内源驱动的发展阶段，专家学者的学术研究和理论探索也是助推中国新能源汽车快速发展的重要理论基础。很欣慰，浙江工业大学研究团队以绿色低碳发展的角度，参与了新能源汽车发展初期的介绍和探索。

2020年9月22日，国家主席习近平在第七十五届联合国大会上提出，中国将提高国家自主贡献力度，采取更加有力的政策和措施，二氧化碳排放力争于2030年前达到峰值，努力争取2060年前实现碳中和。[1]新能源汽车作为绿色低碳交通工具的优势得到高度的关注与重视。值得欣慰的是，中国的新能源汽车发展已走在世界前列，2021年新能源汽车产、销量分别达294.2万辆和291.6万辆，全年累计市场渗透率升至13.4%。如同智能手机全球渗透率在2003—2009年七年里仅从3.1%提升到14.4%，但在2009—2014年这六年里从14.4%快速提升到69.3%，从产业渗透率S形曲线理论来看，新能源汽车产业正面临着"井喷"和突破，预计到2030年，产业渗透率将达40%以上，成为低碳交通的标志性成果。它与太阳能光伏发电、风电、水电、生物质能发电、核电等能源结构变革相辅相成、相得益彰，将为实现"双碳"目标做出贡献。

世界是变化的，变化是绝对的。智者不仅知变，而且能应变。2022年6月

---

[1] 出自《习近平在七十五届联合国大会一般性辩论上的讲话（全文）》，新华网。

8 日，欧洲议会正式通过了欧盟委员会的立法建议，从 2035 年开始在欧盟境内停止销售新的燃油车，这预示着新能源汽车将终结传统燃油汽车的百年历史。历史之变、时代之变、汽车之变，都是人类颠覆性科技创新、理论创新、学术创新所引发的。汽车电动化的下一站是智能化，即"油车—电车—智车"，自动驾驶技术从 L0 到 L5 逐步升级、演变和演进。总有一天，你可以在高速上，轻松地听着音乐、看着风景，用人类自然语言与"智车"对话、操控，与爱车保持若即若离的"暧昧"状态，奔向诗与远方。

浙江工业大学教授 / 博导

于江南水乡五福栖

2022 年 6 月 26 日

前　言

　　开篇先传播点冷知识：第一，汽车之所以叫汽车，是因为最早的汽车是用蒸汽机作为动力的；第二，汽油之所以叫汽油，是因为汽油是汽车使用的燃油；第三，严格地说，电动汽车不是新能源汽车，因为世界上是先有电动汽车，后来才有内燃机汽车的。

　　1885 年，德国工程师卡尔·本茨（Karl Benz）制成了世界上第一台内燃机汽车。其实早在 1834 年，美国人托马斯·达文波特（Thomas Davenport）便制造了第一台电动汽车，其使用的是不可充电的干电池、直流电机；1881 年，法国人古斯塔夫·特鲁夫（Gustave Trouvé）制造了第一辆可充电的电动汽车，其使用的是铅酸电池、直流电机。19 世纪末 20 世纪初，电动汽车在性能方面已经完全碾压同时代的其他动力汽车。它没有振动，没有废气，也没有噪声。其销量远远超过其他动力的汽车。后来的故事想必大家都知道，由于有更大的活动半径和更稳定的动力供给，内燃机汽车后来居上，成为公路交通的绝对主流。然而，近年来特斯拉、比亚迪等众多品牌的电动汽车日益成为公众通勤、污染治理和应对气候变化的重要选择。

　　然而，几个世纪以来，新能源汽车或者说电动汽车的缺点和优点几乎同样显著，几乎没有发生根本性的改变。新能源汽车的推广应用也一直伴随着困惑和质疑。我曾不止一次被问到，可能您也会有这样的疑问：新能源汽车行驶过程中没有排放，但是电池生产、废旧电池处理有排放，其动力来源——发电环节也有排放，在以煤电为主的中国电力结构下，新能源汽车的全生命周期其实既不低碳，也不环保。

　　一开始被问及该问题的时候，我都会"苦口婆心"地去解释，虽然发电有排放，但是对于发电端的排放，可以更便捷、更有规模效应地采取节能减排措施；随着可再生能源发电技术的不断成熟，装机量和发电量的不断增大，中国的电力结构会逐渐低碳化、清洁化，以电动汽车为主要类型的（至少目前是）

1

新能源汽车的全生命周期自然就低碳了，环保了。新能源汽车给地球低碳清洁的未来提供了一种可能或一个希望，这是内燃机汽车所无法给予的。

然后，他们很可能会进一步追问：那么为什么不等到电力结构低碳化、清洁化之后再推广新能源汽车呢？然后我又会"老生常谈"地强调，交通是全球碳排放的主要领域之一，应对气候变化工作已刻不容缓；再则，一个产业或者一个产品的发展，需要一个试错、渐进发展的过程，只有经历了这个过程，技术才能不断进步，产品才能逐渐成熟，新能源汽车产业才能达到规模效应，我们才能实现能源结构低碳化、清洁化同步推进，进而推动二氧化碳和污染物减排，实现应对气候变化的终极目标。

也有再进一步的各种困惑，各种疑问，以及在困惑和疑问背后隐含的些许揶揄，甚至反对。

2021年"十一"长假，有新能源汽车车主抱怨，开电动汽车回家，8小时的路程走路要16小时，充电要1小时，排队要4小时，排队期间连厕所都不敢上，生怕被人插队。于是有人在网上喊话欧阳明高[①]先生：在您的口中，电动汽车比燃油汽车有太多的优越性。但近日山西发大水，为什么前去救援的车辆不是电动汽车？您声称的电桩布局在国家有难的时候起到什么作用了？有几个电桩在雨中能充电？即便都能充电，这些救援车辆充电的时间比网友说的短吗？如果不能和传统燃油车加油的时间相比，那么在大灾面前，电动汽车替换掉燃油汽车的后果是什么？

每个问题都不"杀人"，但每个问题都很诛心。这些问题，绝非三言两语便可回答或解释。新能源汽车，应该在推广中成熟，还是应该在成熟后推广？似乎从来就没有标准答案，也不应该成为非此即彼的选择。

最近，我忽然想到了一个更具智慧的回答，或许您会认为投机取巧了些。众所周知，火车刚发明的时候也备受质疑。1814年，斯蒂芬森（George Stephenson）制造出了一台名叫"半筒靴号"的火车头。斯蒂芬森亲自驾驶这个火车头，在煤矿进行了试车表演。在试车过程中，由于机车上的螺栓被振动松了，结果翻了车，把车上的英国国会议员和交通公司董事长摔伤了。于是许多

---

① 欧阳明高从"十一五"开始连续三个五年计划担任国家节能与新能源汽车科技重点专项首席专家。

人嘲笑和指责斯蒂芬森，连一些原来赞成试验的官员也断言，用蒸汽机作交通工具是根本不可能的。据说，在之后的某次试验中，一位骑马的绅士赛过了"蹒跚学步"的火车，把质疑和嘲笑留给了推崇火车的人。但是，一个多世纪过去了，火车带动了工业的迅速成长，因为它使长距离、大规模的运输成为可能，而马几乎已彻底地退出了运输领域。那些质疑和嘲笑最终成了凸显"伟大"的背景板。

1978年10月，邓小平访问日本时乘坐新干线列车后表示，要虚心学习，了解与学习先进技术和管理经验，学习发达国家一切有用的东西。2021年10月，太平洋彼岸的美国总统拜登回到了他的家乡——宾夕法尼亚州的斯克兰顿（Scranton），这是美国历史上首个运营电气化电车系统的城市，也是他出生并度过童年时代的地方。为了推行他的基建计划，拜登在这里慷慨激昂地发表了一通主题演讲后，向在场的父老乡亲提问："你们知道中国正在建造的高速铁路速度有多快吗？"拜登自己回答："每小时300英里（约合483公里）！这个速度比坐汽车快得多，而且还可以节省石油、保护环境。"

故事总是或多或少地被加入创作者以及转述者的艺术加工和美好而善意的想象，以增加它的趣味性、可读性和传奇色彩。若干年后，新能源汽车的故事或许也会被转述、被加工。不能否认，在新能源汽车的推广应用中，确实存在诸如电池技术、商业模式、基础设施的问题需要解决，也有很多教训需要吸取，但我仍然相信，那些质疑和嘲笑不会成为浇灭希望之火的"口水"，而会成为"传奇"的一部分，并且不可或缺。

我的好友，浙江大学的周云亨博士曾打趣说：给了你两百年（从第一辆电动汽车被发明起），为何还没成熟？我说：哪有什么两百年？事实上，我们给予内燃机汽车的时间和宽容远多于新能源汽车。而现今，新能源汽车如同一个被冻结逾百年的项目，在应对气候变化、实现"双碳"目标、解决能源危机等新的历史机遇下重新启动，我们真的需要给予它更多的耐心。

叶瑞克

2021年10月1日

目　录

第四篇

模拟预测篇

第一篇

战略目标篇

经历了百余年发展历程的汽车工业，受到石油危机、能源安全、大气污染和全球气候变暖等多重因素的影响，一场低碳革命已然开始，以电动汽车为主体的新能源汽车日益成为政府、学界、企业界、消费者乃至整个社会关注的热点。2013 年 1 月，席卷中国 200 多万平方公里的雾霾天气成为公众话题和"两会"话题，城市雾霾的罪魁祸首（$PM_{2.5}$）的最大排放（约占 25%）来自传统燃油汽车。大量尾气的排放，致使二氧化碳浓度上升，引起温室效应，形成臭氧空洞，引起冰川融化和海平面上升，严重影响到人类的生存。全世界的机动车每年排向大气层的温室气体二氧化碳约 40 亿吨，是人类活动排放总量的 20%。按一辆汽车一年平均行驶 1.5 万公里计算，一辆汽车的碳排放总量约 4 吨，按每亩森林可以吸收 1.8 吨二氧化碳计算，一辆汽车一年的碳排放量将需要 2.2 亩（约 0.0015 平方千米）的人工林才能完成固碳。据统计，汽车等流动污染源排放的污染物已占大气污染物总量的 90%。汽车尾气可谓大气污染的"元凶"。

　　研究显示，新能源汽车在应对能源危机、大气污染和气候变暖方面具有高能源效率、低经济成本、简便维修等全方位的技术经济优势。然而，如同一个新生的婴儿，"蹉跎"了将近两百年的新能源汽车，需要从基础保障体系、技术研发体系和公共政策体系三个方面予以支撑，方能真正涅槃重生。同时，此次涅槃面临的形势远比当年火车的推广要复杂——推广与治堵的政策目标冲突、环境保护要求与传统汽车产业锁定的矛盾——不一而足。近些年的实践表明，新能源汽车的发展似乎天然地与互联网、物联网、智能电网等产业和行业的发展紧紧捆绑在一起。共享化、低碳化、互联化、智能化——未来汽车产业发展的四大趋势已经成为基本共识。

　　本篇共三章，将分别从产业、车联网、汽车—电网（V2G）三个方面展开讨论。

第一章

产业发展的支撑体系

从 1886 年卡尔·本茨（Karl Benz）发明内燃机汽车，到 1997 年世界首款量产的混合动力汽车丰田普锐斯在日本丰田公司的生产车间里下线，百年汽车产业发展史，其实就是一部汽车发动机的发展史。从压燃式发动机到涡轮增压，再到混合动力，无不一次又一次地提升了发动机的动力和汽油的利用率。但无论发动机技术如何完善，汽车仍一直与石油保持着亲密关系。当前，全球汽车保有量以每年 3000 万辆的速度递增，这对城市大气环境、二氧化碳减排、石油供给，以及能源安全都将构成巨大的挑战。经历了百年发展历程的汽车工业，受到石油危机、能源安全、大气污染和全球气候变暖等多重因素的影响，一场低碳革命已然开始，电动汽车日益成为政府、学界、企业界、消费者乃至整个社会关注的热点领域[1]。

一、多重因素触动了汽车工业的低碳革命

（一）石油危机加剧，能源安全受到威胁

石油作为一种不可再生资源，面临着过度开采而日趋枯竭的问题。美国石油行业协会预测，地球上尚未开采的原油储藏量已不足 2 万亿桶，可供人类开采不超过 95 年的时间。全球石油储量、产出与消费情况如表 1.1 所示。

表 1.1　全球石油储量、产出与消费情况

地区	已探明石油储量 / 亿桶	日产量 / 万桶	日消费量 / 万桶
北美	272	719	2233
拉美	1164	954	619
东欧	883	994	506
西欧	184	563	1390

续表

地区	已探明石油储量 / 亿桶	日产量 / 万桶	日消费量 / 万桶
中东	7359	2045	420
非洲	1055	727	236
亚太	459	708	2086

石油的稀缺性和不可再生性使之成为一种关乎国家能源安全的重要战略物资，同时也是能源战略的重要筹码和目标[2]。一些美国学者认为，交通运输业的需求导致现代经济对石油过度依赖，由此输出大量财富，并将极大的权力交给石油输出国领导人。美国对石油的依赖在国家外交中发挥着非常重要的作用（有时常常是负面的）[3]。可以说，石油已经成为非石油输出国与石油输出国之间政治博弈的重要因子之一，并深刻影响着国际政治格局。

（二）城市大气环境污染，碳排放压力增大

汽车保有量的持续增长，一方面加剧了汽车对石油的依赖，另一方面也增加了大气污染物和温室气体的排放。据统计，每千辆汽车每天排出一氧化碳约3000kg，碳氢化合物 200~400kg，氮氧化合物 50~150kg；城市中，以汽车为主的流动污染源排放的污染物已占大气污染物总量的 90%，汽车尾气可谓大气污染的"元凶"。而汽车尾气中所含的二氧化碳已然成为全球温室气体排放的主要来源之一，全世界的汽车每年排向大气层的二氧化碳约 40 亿吨，是人类活动排放总量的 20%。汽车的碳源特征越来越受到人们的关注和责难。

（三）世界汽车工业格局渐变，电动汽车扮演着重要角色

石油燃料给环境造成了难以挽回的破坏及石油资源日渐枯竭的形势，使得寻找新的绿色能源成为全球汽车产业技术变革的努力方向。各国先后推出了发展电动汽车的国家计划。近年来，中国汽车工业发展迅速，已成为世界第三大汽车消费和生产大国，但仍不是汽车强国。由于历史原因，中国错失了发展传统汽车制造业的机遇。幸运的是，面对挥之不去的金融危机、能源问题、国家安全以及环境污染和全球气候变暖问题，电动汽车毫无悬念地将成为下一轮汽车产业发展的重要突破口。全球汽车工业的低碳革命已然拉开序幕，中国汽车已经迎来由传统汽车工业向电动汽车工业实现低碳跳跃的重要时机。

二、电动汽车发展的技术经济分析

传统的汽车制造业经历了一百多年的发展，已经形成了庞大而又完整的产业构架、技术平台、销售网络和服务体系。然而，人们发现在传统汽车制造业辉煌的背后，上述多重因素正在触动着一场"山雨欲来风满楼"的"低碳革命"。面对气候变化、能源安全、产业转型升级等问题，各个国家均把新能源汽车提升到战略性新兴产业高度，电动汽车以低碳、环保、高效、清洁等多重概念成为新能源汽车中的佼佼者。可见，电动汽车最终将因为具有全方位的技术经济优势而成为这场"低碳革命"的主角。

（一）电动汽车是摆脱全球石油依赖的有效途径

发展电动汽车，是缓解石油危机、摆脱石油依赖的有效途径。相比于传统汽车，电动汽车的动力主要来源于蓄电池的电能。电能的来源相当广泛，如煤炭、天然气、水能、风能、太阳能、潮汐能、核能等。其中许多能源都是可再生能源，这必然会给石油市场带来巨大的冲击，进而有效地遏制能源价格（尤其石油价格）上涨，使得全球摆脱石油依赖成为可能。再则，电动汽车一般都是白天行驶，晚上充电，正好能够对电网的波峰与波谷进行"削峰平谷"，从而提高发电机组的利用效率，降低运营成本。仅在中国，谷电就可供 1000 万辆轿车和 100 万辆公交车充电，一天总共耗电 3.4 亿度，可替代 20 万吨石油。如果电动汽车大规模普及，真正做到"以电代油"，那么人类能源结构将发生重大变化。

（二）电动汽车是有效应对气候变暖的重大举措

电动汽车的二氧化碳间接排放量与其电能来源有关。如果利用非化石能源来发电（绿色电力）以供电动汽车使用，则电动汽车将会实现"零排放"（图1.1）；如果使用天然气发电，二氧化碳排放量也将会少于使用石油发电产生的量。同时，发电站是固定场所，因此所排放的二氧化碳是可控的，这对利用碳捕捉技术实现二氧化碳减排是极为有利的。正如美国能源部史蒂夫·高根（Steve Kogan）先生所说："金融危机背景下，发展电动汽车，推动传统汽车战略转型，是全球应对能源危机和环境问题两大挑战的战略性选择！"①

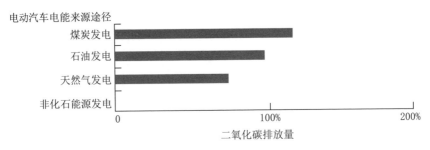

图 1.1 电能来源不同的各种电动汽车二氧化碳间接排放量的比较

（三）电动汽车具有高能源转化和使用效率

电动汽车在将电能转化为动力时效率为 80%，比传统汽车的能源效率要高出 4~5 倍。传统汽车中实际上只有 15%~20% 的汽油真正转化成了动力，绝大部分被转化成热量散发掉了[1]。在 2008 年美国发布的《能源展望报告》中，美国能源信息部对 2030 年新型轻型汽车的能源效率做了相关预测（表 1.2）。

表 1.2 美国能源信息部关于 2030 年新轻型汽车的能源效率预测

（单位：英里/加仑）

燃料类型	客车	轻型卡车	加权平均
汽油	40.3	29.8	36.0
柴油	51.0	37.0	39.6
乙醇、酒精	40.6	30.2	33.3
其他（天然气、燃料电池）	52.8	28.1	44.5
汽油混合	53.7	39.5	45.9
柴油混合	57.3	45.4	57.3
插入式混合动力	72.9	56.5	72.9
电动	103.2	81.9	97.9

由表 1.2 可见，电动汽车的能源效率是最高的。此外，传统汽车在临时停车怠速时仍需消耗能源，而电动汽车在停止时并不消耗电能，其电动机甚至还可以自动转化为发电机，实现减速制动时对能量的回收与利用，真正做到了高能效。

---

① 出自《史蒂夫·高根：美国经济型高级电池开发》，搜狐网。

（四）基本构造简单，使用维修相对比较方便

通过电动汽车与传统汽车的内部基本结构比较（表 1.3），电动汽车在使用维修方面存在以下优势：首先，电动汽车在使用前并不需要像传统汽车那样进行漏水、漏油等日常检查；其次，"汽车—电池"分离的模式使得电动汽车整体结构更为简单；再次，电动机的体积相对较小，使得电动汽车的结构相当紧凑，节省空间；最后，电动汽车的传动部件相对较少，不易损坏，并且发动系统构造相对简单，维修保养的工作量相应减少，相应成本也相对较低[1]。

表 1.3　电动汽车与传统汽车的内部基本结构比较

系统装置	电动汽车	传统汽车
发动系统	电源 / 驱动电动机 / 电动机调速控制装置	曲柄连杆机构、配气机构、燃料供给系统 / 点火系统（汽油发动机）、起动系统 / 冷却系统、润滑系统
机械系统	传动系统（无离合器、无倒挡）/ 行驶装置 / 转向装置 / 制动装置	传动系（包括离合器、变速器、万向传动装置、驱动桥）/ 行驶系 / 转向系 / 制动系
其他	工作装置	电源、用电设备

（五）V2G 系统，电动汽车的运行经济性

V2G 是 vehicle-to-grid（汽车—电网）的简称，它描述了这样的一个系统：不仅可以实现电网给电动汽车充电，而且可以实现电动汽车在不行驶的时候将电能输回电网。首先，电动汽车需要更多电能，因此，V2G 系统给国家提供了一个扩展清洁能源、可再生能源的机会；其次，V2G 系统提供了一个更加稳定的电网，V2G 的电动汽车将成为电力局部贮存和使用的一种"二级工具"，如停电时，电动汽车能够给电网供电；最后，V2G 系统使电动汽车实现了产品增值，而不是折旧。汽车平均 95% 的时间都处于停泊状态，电动汽车可利用电差价将电力卖还给电网，每辆电动汽车每年大约可以由此创造 4000 美元的价值。如表1.4 所示，虽然一次性购买电动汽车的成本较高，但从长远来看，V2G 情境的电动汽车的使用成本事实上比传统汽车和混合动力汽车要低很多[2]。

表 1.4 十年期间各种汽车使用总成本的比较

（单位：美元）

成本明细	传统汽车	混合动力汽车	V2G 情景的电动汽车
平均购买成本	16100	23090	39000
维护及能源成本	25380	22044	15107
保守估计 V2G 模式总收益 （如：财政补贴、V2G 收入）	0	0	49786
净成本	41480	45134	4321

三、电动汽车发展的基础保障和政策方向

尽管相对于传统汽车，电动汽车技术经济优势非常明显，但是就目前而言，电动汽车的发展依然面临着重大挑战，并且存在许多障碍。最突出的障碍表现为两个方面：一方面，电动汽车的商业化推广尚缺乏充（换）电站和智能电网等基础设施的保障；另一方面，电动汽车还存在电池寿命和续驶里程等技术瓶颈，以及由此引起的生产成本相对过高问题。这些都有赖于政府和汽车制造商进一步去解决。

（一）电动汽车发展的基础保障体系构建

1. 智能电网为电动汽车发展奠定基础

智能电网是指一个完全自动化的供电网络，其中每一个用户和节点都受到实时监控，且从发电厂到用户端电器之间的每一点上的电流和信息都双向流动。通过广泛应用的分布式智能和宽带通信及自动控制系统的集成，它能保证市场交易的实时进行和电网上各成员之间的无缝连接及实时互动[3]。针对电动汽车，智能电网需解决以下问题。①电力能源的分布式整合传输。通过智能电网实现电网的智能化，解决分布式能源体系的需要。一方面可以解决未来电动汽车电力供应问题，另一方面可以保证电动汽车使用的电力能源相当一部分是清洁能源，更加符合电动汽车推广的初衷。②电力能源及其信息的双向传输（即V2G）。智能电网的另一个核心就是解决太阳能、氢能、水电能、风能和电动汽车电能的存储，它可以帮助用户出售多余电力，解决电动汽车充电电池向电网回售富余电能的问题。

2. 科学合理地布局电动汽车充电站或电池租赁系统

①充电站系统。要实现电动汽车商业化推广，不仅需要现代化的智能电网，而且需要电动汽车充电站等全新的软硬件设施。②电池租赁系统。电池租赁是指供电企业不直接向电动汽车使用人提供电力产品，而是将集中充电后的电池出租给消费者，同时换回空电池，由此进行的间接电能销售服务[4]。目前，电动汽车使用的电池成本较高，成为其商业化推广的瓶颈之一。一般而言，动力电池及动力系统占电动汽车总成本中的 30%。中银证券将特斯拉 Model 3 的成本拆解后发现，动力系统、电子控制、车身底盘、内饰安全的价值占比分别为 53%、18%、14%、16%。电池租赁一方面可以大幅降低客户购车的成本，使电动汽车（不包括电池组）的售价与传统动力汽车相比将更具竞争力和诱惑力；另一方面可以使用车费用的优势进一步向电动汽车倾斜。而且，电池租赁的方式更深远的意义在于可以实现对电池的有效管理，出租电池意味着电池供应商将控制电池回收和再利用环节，真正做到绿色发展。

3. 建立电动汽车的电池保障系统

①电池保修保险。鉴于目前电池技术的限制，电池寿命很可能不到 10 年或是电动汽车行驶不到 10 万公里（而这是许多消费者预期的"保质期"），汽车生产商或者充电电池生产商们目前还不愿意承担这样的风险。如果政府要鼓励电动汽车的生产与消费，就应该主动承担起电池所带来的风险，如建立国家电池保障系统。美国学者亨德里克斯（Hendricks）和格尔斯德（Gerste）在《电动汽车》一书中建议美国联邦政府成立联邦电池保障公司，由此，电动汽车将拥有两个保质期：一个基于汽车，另一个基于充电电池，起先由电池制造商负责保修，之后由联邦电池保障公司负责保修。如果电池没有用满 10 年，政府将用保险金库里的钱退还差价或支付更换（维修）电池的费用。②废旧电池回收。建立电池保障系统还应为废旧电池（一般仍保留有 80% 的存储空间）处理设置一个二级市场，由此可以给电动汽车拥有者或充电电池拥有者提供回收一部分成本的机会，有效降低其初始投资成本。

（二）电动汽车的技术研发体系的健全和完善

1. 政府对电动汽车技术研发的支持

显然，电动汽车的发展带来了新一轮汽车产业的结构调整及技术升级。如果技术力量分散，难以形成合力，则无法实现新一代汽车的突破性创新。因此，要实现跨越式发展，必须建立电动汽车技术创新平台，集成现有的汽车科技资源，聚集科技人才和科技成果，以实现联合攻关，并形成良好的运作机制与相关科技创新平台的互动，促成"点"与"线"的集成，以寻求"面"的突破。英国商业、创新与技能部的西蒙·卡特（Simon Carter）在 2009 年 10 月 22 日接受记者采访时说："英国政府投入了 4 亿英镑支持低碳发展，其中 12500 英镑用于成立专门的部门，解决新能源车辆的研发，攻克一些技术上的难题。"2013 年，英国政府成立公私合作的先进推进中心（Advanced Propulsion Centre，APC），由政府和工业界投入 10 亿英镑推动低碳技术的发展及其成果转化，并重点关注为大众市场提供超低排放汽车所需的技术。截至 2020 年底，APC 已资助超过 113 个低碳技术研发项目，与 290 多个项目伙伴合作，并为价值约 10 亿英镑的项目提供支持，帮助英国减少了约 2.25 亿吨的二氧化碳排放量，相当于在全球范围内减少 880 万辆汽车的行驶。可以说，政府技术研发支持对电动汽车的商业化推广具有重要意义。一方面，必须进一步发展动力操控设备以及电池整合技术，尤其改善车载电池以增强其耐电性，延长其使用限度以降低电动汽车的生产成本；另一方面，必须进行充电技术、废旧电池二级利用技术、电动汽车和能源供给的商业模式等研究。

2. 重视电动汽车相关标准的制订

早在 2009 年，德国莱茵—威斯特法伦电气股份有限公司的相关项目负责人就指出："将来一辆电动汽车在意大利的充电方法必须和在丹麦、德国和法国一样。吸取笔记本电脑和剃须刀在异国充电遭困扰的教训，在汽车界，电动汽车充电适配问题必须提前解决掉。"2021 年，全国政协委员、网易 CEO 丁磊向工业和信息化部提交了关于"制订动力电池强制性国家统一标准"的提案，针对动力电池与新能源汽车的发展关系，以及国家缺乏有约束力的统一标准、生产成本高、安全隐患大等问题进行了反馈。他建议抓紧出台动力电池的国家强制标准，采取"统一规格、互通互换"的方式，降低动力电池生产链条综合成本，确保运营安全。可见，电动汽车商业化推广的重要前提之一就是工业标准的建立。电动汽车相关标准可分为安全标准、技术标准、成本标准、运营标准、经济标准和环保标准6个部分[5]。其中，技术标准又可以细分为汽车驱动系统（电机）标准、充电电池标准、充电插头标准、充电接口标准、充电站（机）标准等诸多标准。不难发现，电动汽车相关标准是一个枝干庞大、各部分关联度极高的标准体系，非某一电动汽车厂商或电池租赁公司所能完成，政府在这个标准体系的制定中必须充当领导者或协调者的角色。我国《新能源汽车产业发展规划（2021—2035年）》明确着力完善电动汽车换电标准体系，加快乘用车、商用车换电电池包规格尺寸等标准制订，完善新能源汽车动力电池标准体系、回收利用管理制度，推进动力电池技术要求、规格尺寸的统一。

（三）构建电动汽车发展的公共政策体系

1. 电动汽车的政府采购政策和体系建设

新能源汽车购车补贴政策伊始的2009年3月，国务院出台的《汽车产业调整和振兴规划》提到11项政策措施，其中，涉及推广使用节能和新能源汽车的政策措施有5项，4项与政府采购有直接关系：①启动国家新能源节能和示范型汽车工程；②县级以上人民政府制定规划，优先在城市公交、出租、公务、环卫、机场等领域推广使用新能源汽车；③建立电动汽车快速充电网络，加速停车场等公共场所公用充电设施的建设；④在政府采购中对自主创新的新能源汽车实施政府优先采购。2022年5月30日，为贯彻落实中共中央、国务院关于碳达峰、碳中和重大战略决策，财政部印发了《财政支持做好碳达峰碳中和工作的意见》（以下简称《意见》）。《意见》提出要建立健全绿色低碳产品的政府采购需求标准体系，加大新能源、清洁能源公务用车和用船政府采购力度，机要通信等公务用车除特殊地理环境等因素外原则上采购新能源汽车，优先采购提供新能源汽车的租赁服务。强化采购人主体责任，在政府采购文件中明确绿色低碳要求，加大绿色低碳产品采购力度。政府采购电动汽车具有以下优点：首先，能为电动汽车提供一个规模稳定的市场，使电动汽车快速而大规模地由绘图板走向装配生产线；其次，在同一个行政辖区内，拥有如此大的规模，完全可以做到对汽车性能的长期跟踪调查，帮助测试不同驾驶条件的性能；再次，政府用车的庞大规模也可以作为实验新技术的试点；最后，给汽车消费者传达这样的讯息：电动汽车不仅仅出于汽车爱好者和环保主义者的偏好，而是切实可行的。

2. 购置电动汽车的税收减免和财政补贴政策

建立鼓励电动汽车产业化的财税政策，可以充分发挥财税政策的杠杆作用。从汽车生产到使用，发展合理的税费征收体系，配合其他关于汽车技术标准和节能的目标，制定鼓励电动汽车消费的政策，培养民众的环保意识，鼓励消费者购买电动汽车，加快电动汽车产业化步伐。政府可以针对不同的对象采取不同的税收减免和财税补贴措施。例如，面向消费者，政府应消除电动汽车与传统汽车之间的竞争劣势，通过对电动汽车消费者的各种补贴和优惠，形成消费者的有效需求，扣减汽车外部效应内部化所造成的私人成本；面向电网企业，政府应在电网增、扩容，电力改造等电动车相关项目及其附属设备设施的建设上给予政策优惠和经济支持；面向充电站，政府可以在充电站建设的土地申报、审批程序上开通"绿色通道"，在充电站的建设项目及使用土地过程中给予直接的经济补贴，将充电站的建设和布局规划纳入城市总体规划等。

3. 发展电动汽车的其他相关政策的制定

①能源政策。节省燃油的效益并不能充分并迅速地弥补电池成本，为了使电动汽车更具成本效益，可以通过调整能源税，使电池的成本等于或略小于使用汽油的成本。②碳排放政策。税收补贴政策往往与油耗控制及尾气排放政策相结合。例如，荷兰于 2009 年 11 月 13 日通过法案，规定根据行驶公里数对汽车驾驶者收税，每公里 0.03 欧元，且汽车自重越大、污染物排放越多，纳税额越高。又如，美国加利福尼亚州采用低碳燃料标准，要求汽车燃料中的碳排放量逐渐下降。美国学者汤姆·科琳娜（Tom Corinne）和罗恩·祖克（Ron Zucker）甚至提议建立全国性联邦低碳燃料标准，以激励汽车制造商们利用可再生能源生产的电能给电动汽车充电。③传统汽车回收政策。为鼓励消费者换购电动汽车，政府还应该做好传统汽车的回收工作，成为"终端买家"，帮助消费者开启电动汽车的新篇章。

电动汽车的商业化推广是汽车工业有史以来最深刻的一场变革，而这场变革绝不是仅仅靠汽车工业本身就可以完成的。没有政府和市场的合力推动，没有能源和基础设施产业的协调配合，电动汽车将永远是展台上的概念车。

参考文献

[1] 鲍健强，叶瑞克. 汽车制造的"低碳革命"[J]. 浙江经济，2010(6): 36–37.

[2] Kempton W, Kubo T. Electric-drive vehicles for peak power in Japan[J]. Energy Policy, 2000, 28(1): 9–18.

[3] 付翔，王宇宁，胡斌祥. 国外电动汽车产业促进政策研究 [J]. 上海汽车，2007(2): 7–10.

[4] Sandalaw D B. Plug-in Electric Vehicles: What Role for Washington[M]. Washington D.C.: Brookings Institution, 2009.

[5] Beck L J. V2G-101: A Text about Vehicle-to-Grid, the Technology Which Enables a Future of Clean and Efficient Electric-Powered Transportation[M]. Charleston, SC, USA: BookSurge Publishing, 2009: 34–36.

[6] 余贻鑫，栾文鹏. 智能电网 [J]. 电网与清洁能源，2009，25(1): 7–11.

[7] 胡伟，丁宇飞，刘芳. 变直接售电为电池租赁服务——供电企业在电动汽车产业中的定位及相关问题 [J]. 电力需求侧管理，2009, 11(4): 63–64, 66.

[8] 傅俊，杨峰. 基于标准经济的我国电动汽车产业化思考 [J]. 武汉理工大学学报 (信息与管理工程版)，2008(2): 281–284.

第二章
电动汽车—车联网的战略架构

全球交通设备的石油需求约占石油总需求量的 60%，传统汽车排放的二氧化碳加速了全球变暖，汽车尾气使城市环境更加恶化。出于对能源保障与安全的考虑，中国和许多发达国家都在试图降低对石油的依赖[1]。低碳、环保、高效、清洁、低能耗的电动汽车产业成了战略性新兴产业发展的重要领域之一。与此同时，电动汽车产业还能带动其他相关产业，形成汽车产业发展的新增长点。国际著名管理大师彼得·德鲁克（Peter Drucker）曾说："21 世纪企业的竞争，不再是产品与服务之间的竞争，而是商业模式之间的竞争。"成功的商业模式可以弥补商品固有的劣势，以适当的方式被广大消费者接受，并实现盈利和产业化推广，最终实现商品价值。经过多年的示范运营，我国的电动汽车虽然有了一定的发展，但因价格普遍偏高、研发成本和投资成本高、技术创新不足、基础设施不健全等因素，电动汽车商业推广受阻，非常依赖政策支持和财政补贴。因此，在传统商业模式下，电动汽车的保有量增长困难重重，电动汽车产业面临着新的商业模式革新以实现电动汽车的商业化和产业化的问题。

一、进化与整合：电动汽车商业模式的基本特征

（一）多层次特征

电动汽车商业模式涉及的范围十分广，几乎涵盖了企业经营活动的方方面面，因此，不同研究者的研究方法和角度不同，但这些研究几乎都包括如下基本要素：市场结构（参与者、角色、目标）、价值理念（包括顾客和合作者两个方面）、范围（市场细分、产品界定）、业务流程、核心能力（能力、资产）、定价策略和收入来源、战略（整合竞争，在价值链和价值网络中的定位）、协调机

制、技术等。商业模式是一个描述和简化现实的系统，具有全息性和系统性[2]。电动汽车商业模式可抽象定义为一个复杂的多层次系统，系统内包含各级政府主管部门、整车及关键零部件企业、基础设施运营商、电动汽车消费者等多方参与者[3]。电动汽车的商业模式的系统所包含的主体繁多，但归纳起来，主要为三类：①各级政府主管部门，包括宏观政策制定者和交通管理者，主要为电动汽车的发展提供政策环境和制度保障，构建公平有序的制度环境；②电动汽车供应商及运营服务商，包括电动汽车整车制造商、电池等关键零部件供应商、充换电基础设施运营商、电力供应商及维修保养等其他电动汽车运营服务商；③电动汽车消费者（客户），包括集团客户和个人普通客户，集团客户包括企业、政府、社会组织等。商业模式是一个非常复杂的系统，要了解电动汽车商业模式，就必须对其具体组成要素进行细致的分析。表 2.1 列出了电动汽车商业模式系统相关要素需求及意向分析。从表 2.1 中可以发现，在电动汽车商业模式中，相关系统要素都制约着商业化发展，仅仅依靠某一主体来引导整个电动汽车的商业化发展是不可能的，必须建立涉及具有多层次主体要素的电动汽车商业模式系统。

表 2.1　电动汽车商业模式系统相关要素的需求及意向分析

分析项	交通管理者	电动汽车供应商	电力供应商	充换电基础设施运营商	消费者
需求	道路流量预测、拥塞收费支持、道路拥塞提示、道路规划数据	技术创新、政策扶持、生产扩大、资本增值	购电业务支持、线路负荷预测、配电调度计划、配网规划数据	购电业务支持、充电密度预测、充电设备投入、充换电站规划	完成车程、经济合算、驾驶安全、增值服务
意向	保有量过小、认识不到位	技术尚待突破、观望气氛强烈	缺乏标准和长远规划、建站热情不高	—	性价比不突出、购买意愿不强

（二）进化特征

电动汽车的产业化路程具有明显的进化特征，它是经历了从个别、分散到逐步实现产业化、系统化、内生化的十分复杂的社会演化过程，也是一个系统各要素不断完善、不断整合的进化过程[4]。任何一个商业模式应用的最终目

的都是实现产品价值，从而实现盈利，但是电动汽车的商业模式具有其内在的
复杂性，系统各要素都处于初级发展阶段，电动汽车缺乏与传统燃油汽车的市
场竞争力。电动汽车商业推广分为三个阶段，如图2.1所示。第Ⅰ阶段为示范
运行阶段，即"政府为主导，补贴为核心"；第Ⅱ阶段为商业化的过渡阶段，即
"公共领域示范化，私人购车商业化"；第Ⅲ阶段为大规模商业化阶段，即"市场
为主导，企业为主体"。因此，电动汽车的商业模式是符合电动汽车发展现状要
求的动态模型。目前，我国正处于第Ⅱ阶段的发展初期。基于第Ⅰ阶段已形成
产业环境和技术上的突破和创新，以及相应发展起来的电力运营服务网络，示
范运行已经初见成效，也积累了一定的实践经验，并逐步推广到整个公共服务
领域。目前，我国的电动汽车发展拥有地方乃至国家的良好政策支持。在第Ⅱ
阶段即商业化的过渡阶段，则应更加注重商业模式的研究和创新，以刺激并形
成私人消费市场。该阶段的商业模式应以公共领域电动汽车示范运营为基础，
逐步提高市场的主导地位，以促进电动汽车产业化。

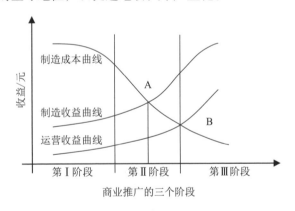

图 2.1　纯电动汽车商业推广的三个阶段

（三）整合特征

　　一个成功的商业模式，必须通过有效的方式对相关产业资源进行整合，发
挥产业协同效应。电动汽车的商业模式也绝非简单的某一企业内部经营管理系
统和外部环境系统的整合，而是各系统要素之间为了同一盈利目的的一种新型
整合方式。电动汽车供应商及运营服务商都无法独自实现利润最大化，只有在
一个统一的商业模式下协同合作，整合资源，才有可能突破性价比和技术劣势，

实现电动汽车价值向消费者的传递。这时候，电动汽车需要实现两个结合——电动汽车和智能电网相结合，以及电动汽车和远程智能信息控制、汽车移动物联网相结合，也就是实现电动汽车能源供应智能化和车联网管理网络，最终集合交通管理、电动汽车、能源供应、信息服务、金融保险等多方的资源优势，实现互利共赢，分散风险。在电动汽车产业的动态发展过程中，各利益参与方的地位和作用也在动态变化，不是由其中一方完全主导的。因此，电动汽车商业模式中的各要素呈现出一种动态的复杂整合形式。为了更好地整合各要素的资源，需要建立一个基于一定技术手段的统一的利益分配和结算平台，即统一的智能化网络管理平台。

二、车联网：电动汽车发展的历史机遇

（一）车联网提供高效安全的"智能交通"系统

进入 21 世纪，物联网成为全球发达国家的信息化发展战略的主要内容。物联网将是继计算机、互联网、无线通信之后又一新的技术变革，并将创造巨大的经济、社会和文化效益。我国"十二五"规划中指出：物联网将在智能电网、智能交通、智能物流、金融与服务业、国际军事等十大领域中重点部署。随着因汽车数量的增加而引起的交通阻塞不断加剧，环境和能源压力的不断提升，一种基于物联网的智能交通网络——"车联网"应运而生。车联网是指装载在车辆上的电子标签通过无线射频等识别技术，实现在信息网络平台上对所有车辆的属性信息和静、动态信息进行提取和有效利用，并根据不同的功能需求对所有车辆的运行状态进行有效的监管和提供综合服务的网络。

由于在智能交通系统建设中的重要作用，车联网将会是物联网中最早实现完整应用的产业。这一新的产业将促进技术整合、信息共享、产业融合和可持续发展。智能交通系统（intelligent transportation system，ITS）是将先进的计算机处理技术、信息技术、数据通信传输技术、自动控制技术、人工智能及电子技术等有效地综合运用于交通运输管理体系中，建立一种在大范围内全方位发挥作用的准时、准确、高效的交通运输管理体系[5]。智能交通系统在公交车、

出租车、货运车、运钞车等特殊车种上的应用非常成熟。智能交通能够提高道路使用效率，有效治理交通拥堵。智能交通网络的建立可使交通堵塞减少约60%，使短途运输效率提高近70%，使现有道路网的通行能力提高2~3倍；车辆在智能交通体系内行驶，停车次数可以减少30%，行车时间减少13%~45%，车辆的使用效率能够提高50%以上[6]。智能交通技术还能够有效减少交通事故的发生，可使每年由交通事故造成的死亡人数减少30%~70%。车联网为交通领域提供了更加安全有效的技术手段，开辟了新的产业融合的形式。

（二）电动汽车将成为车联网的有效载体

车联网是以车为节点的信息系统。车联网综合现有的电子信息技术，将每一辆汽车作为一个信息源，通过无线通信手段连接到网络中，进而实现对全国范围内车辆的统一管理。车联网产业包括汽车制造商、车载终端企业、电信运营商、IT企业、硬件供应商、交通信息内容运营商及服务商等，组成一长串产业链条。车联网产业中所涉及的产品供应商和运营服务商繁多，并且对网络技术有很高的要求。普通燃油汽车由于数量过于庞大，范围太广，类型繁多，对车联网的技术和覆盖范围要求很高。总而言之，车联网的产业基础并不是很完善，技术上也亟待发展和创新，在传统燃油汽车上进行车联网应用并商业化存在一定的困难。电动汽车产业作为未来汽车发展的方向，是我国的战略性新兴产业之一，具有与传统燃油汽车不一样的多层次的产业结构体系。如今，我国电动汽车的应用范围仅限于十几个示范运营城市，电动汽车数量不多，产业发展尚处于初级阶段，车联网应用的技术难度比传统燃油汽车低。因此，电动汽车可以作为车联网的有效载体，通过技术整合、产业融合，实现利益共享，促进产业的可持续发展。以车联网为基础的电动汽车商业模式将在一个共同的网络平台上实现商业化推广，促进智能交通系统的形成和发展。

（三）车联网提升电动汽车核心竞争力

电动汽车作为新兴产业，具有环保节能等产业优势，符合绿色、低碳、可持续发展的要求。然而，电动汽车仍未突破的技术瓶颈、昂贵的价格、相对薄弱的产业基础等，使其相较于传统燃油汽车，不具备核心竞争力，极不利于其产业化生产和商业化推广。尽管政府利用政策刺激消费，并且也在一定程度上促进了电动汽车的早期发展，但这些措施并不是长久之计。车联网为我们提供了电动汽车商业模式的创新思路，并有效提升了电动汽车的核心竞争力。"电动汽车—车联网"商业模式不同于传统的汽车商业模式，更加突出了社会化特征。车联网为电动汽车商业模式系统各主体之间的资源整合提供了有效的信息系统平台，并在该平台上通过适当方式实现信息共享、产业融合。车联网使电动汽车产业和信息技术、IT 产业等紧密结合，实现技术整合。"电动汽车—车联网"商业模式可以衍生出很多附加产业价值，为消费者提供智能化服务，为各企业开辟新的发展方向和盈利渠道。

三、电动汽车—车联网的基本构架

（一）电动汽车—车联网信息系统（平台）

国家电网利用其在电源和输配电上的优势独自运营电动汽车充电业务，大力推广充换电站建设。国家电网制定的智能充换电网络运营模式的基本思路是换电为主、插充为辅、集中充电、统一配送[7]。国家电网以其电力企业的垄断地位，使我国电动汽车发展都离不开这个模式。国家电网建设充换电站并提供电力，电动汽车供应商生产裸车及其零部件，电池制造商生产配套电池，运营服务商提供其他服务。现在的情况是，电动汽车不管是以整车出售还是以裸车出售，或是以租赁的方式，都必须购买电力。就像燃油汽车通过加油来维持运行，电动汽车的运行必须依靠电力。因此，电动汽车的电力业务应由电力企业提供，通过电力使用量来结算。但是，由于电动汽车的充电方式一般以换电为主，电力使用量的结算难以有统一的标准。在这个问题上，可以借鉴杭州市的做法，即把电力使用量转换为电动汽车所行驶的里程数，杭州市电力企业推出的收费标准是 0.5 元 / 千米。电动汽车所行驶的里程数可以通过物联网技术进行采集和结算。如此形成的电动汽车—车联网信息系统（平台）中，电力企业可以与合作企业探讨各种业务合作模式，合作企业可以为消费者省略其他支付环节，并提供增值服务。电动汽车消费者只需购买里程数就可以享受由信息服务平台所提供的各种服务，包括免费充换电、交通资讯等智能化服务。政府主管部门和交通管理者可以由此得到准确的反馈信息，并施行智能化管理。由此，在电动汽车商业模式中的三大主体在车联网信息系统（平台）中达到资源优化整合并实现盈利（图2.2）。

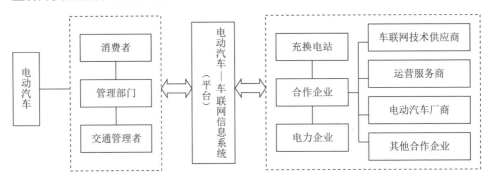

图 2.2　电动汽车—车联网信息系统（平台）

注：①平台是数据汇集中心，各种对象向平台提供信息，平台为对象提供信息服务；②平台是聚合众多信息，面向对象提供服务的共享机制；③数据的聚合，方便开展数据挖掘，向对象提供增值服务。

（二）"电动汽车—车联网"的技术架构

车联网作为物联网之一，必然包含以下三个环节：物品标识与感知，信息传送，以及信息处理[8]。因此相应地，电动汽车商业模式中的车联网技术架构可分为三个层面：标识与感知层面、信息传送网络层面、信息处理应用层面（图2.3）。

1. 标识与感知层面

标识与感知层面利用射频识别（radio frequency identification，RFID）、传感器、二维码等对物体进行标识并随时随地采集物体的信息。该层面主要分为两个方面：感知控制层和信息延伸层。感知控制层对电动汽车、电池、充换电站及充电桩进行智能感知识别、信息采集及自动控制；信息延伸层通过通信终端模块或者其延伸网络将电动汽车等物理实体连接到上层网络。这一层的电动汽车上安装有计量和记录电动汽车里程数的里程计，里程计上安装有无线通信模块，可与主站通信和交换信息，电动汽车单体为子节点。每一块电池上也安装有通信模块，可以读取电池信息，并与里程计通信交换信息。充换电站（充电桩）安装有无线通信网关，可接受里程计发送的信息，被称为主节点（图2.4）。

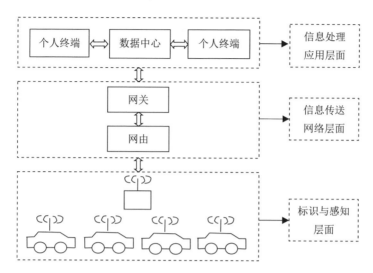

图 2.3 电动汽车车联网系统架构

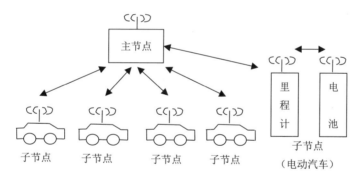

图 2.4 电动汽车车联网系统标识与感知层面

2. 信息传送网络层面

信息传送网络层面通过现有的三网（互联网、广电网、通信网），远距离无缝将物体的信息实时准确地传递出去。在电动汽车的物联网系统中，由子节点汇聚到主节点的数据，经过储存后，通过网关（互联网、Wi-Fi、GPRS、WLAN、机顶盒等）传输到主站服务器。这些数据必须运用技术手段做到传输安全无误。由于电动汽车是交通工具，运行范围难以固定，因此发展兼容的可控的网络传输技术十分重要。当某些主节点无法接受子节点数据时，子节点应该通过独立安装在电动汽车上的网关来传输信息。

3. 信息处理应用层面

信息处理应用层面分为应用基础设备和各种应用两个方面。应用基础设备即利用云计算、模糊识别等各种智能计算技术，对海量的数据和信息进行分析和处理，对物体实施智能化的控制，并将数据输入控制终端，如个人计算机、手机等，在此基础上为客户、企业、政府部门等实现各种应用，如资金结算、智能监控、信息服务等，提升电动汽车商业模式中除节能环保外的其他核心竞争力，增加电动汽车的商业价值。

（三）电动汽车—车联网的基本应用

通过物联网采集到的数据在数据中心进行汇集和处理，通过统一的数据网络平台，对电动汽车进行智能化管理。电动汽车—车联网的基本应用主要为以下四类。

1. 资金结算

资金结算分为客户和企业两个方面。客户到业务中心办理业务，购买一定量的电动汽车行驶里程数，并可以在统一的网络平台实时监控所驾驶车辆的剩余里程数，还可以享受业务中包含的其他服务。电动汽车的租赁者只需要在业务中心办理租赁业务，租赁结束时结算所使用的里程数并支付费用。电力企业再通过统一的结算平台，根据不同业务下的利润分配模式，与相关合作企业进行结算。通过以上的资金结算模式，客户和企业不但可以减少资金相关的手续和环节，而且可以通过资源整合，为客户提供更加方便、快捷、舒适的相关服务，增加电动汽车在汽车市场中的竞争力。

2. 智能监控

智能监控分为三个方面：电动汽车的监控、充换电站监控和电池监控。数据中心可准确定位电动汽车的行驶位置和状态，如果电动汽车出现意外状况，数据中心可以通知抢修中心，使抢修中心及时赶到。电池的使用状态（充电中、充满、闲置、损坏等）都能从数据中心获知。由此，数据中心就能知晓充换电站电池使用状态，并进行智能调配。装在电动汽车中的电池为数据中心提供了电池的温度、电压等性能信息，确保电池的性能和安全。充换电站、配送站和充电桩的情况则通过数据中心实时监控，甚至可以加入电子监控等形式，确保其正常运行和安全。

3. 信息服务

数据中心通过物联网系统可以采集到海量的数据信息，这些数据除了为客户提供资金结算和实时监控的信息外，还可以为客户提供其他信息服务。例如，通过了解各电动汽车的行驶路径，实时了解路况信息；实时了解充换电站的情况，合理调整充换电时间和地点等。相关企业则可以整合这些信息，推出电子信息产品。通过以上信息，充换电站的分布也将更加合理。

4. 增值服务

车联网的应用使电动汽车数据中心必然与互联网、无线网络等连接，形成基于物联网的新型网络服务体系，并为运营商开辟新的盈利渠道。数据中心所提供的路况信息和智能防盗等服务项目可以作为一种商品卖给非电动汽车客户群体。数据中心还可以通过网络平台提供餐饮、娱乐等广告服务，既为服务增值，又增加广告收入。公交、出租车等公共服务领域的电动汽车则可以提供智能预订、实时信息等服务，扩大传统服务的范围。

电动汽车的智能化服务网络将为智能交通发展提供有效实现依据，符合全球"智慧地球"发展浪潮。电动汽车—车联网商业模式也将电动汽车产业相关主体整合在一起，在统一的平台中实现了资源的优化配置，这是电动汽车实现商业化推广的有效途径，也是电动汽车商业模式创新的尝试。

参考文献

[1] 曾耀明，史忠良. 中外新能源汽车产业政策对比分析 [J]. 企业经济，2011(2): 45-47.

[2] 钟耕深，孙晓静. 商业模式研究的六种视角及整合 [J]. 东岳论丛，2006(2): 120-124.

[3] 叶强，王贺武. 关于电动汽车商业模式系统的理论思考 [J]. 中国科技论坛，2012(1): 44-48.

[4] 陈光祖. 电动汽车产业的商业范式 [J]. 中国经济和信息化，2011(13): 17.

[5] 刘伟铭. 高速公路系统控制方法 [M]. 北京：人民交通出版社，1998.

[6] 武锁宁. 车联网：值得关注的课题 [J]. 中国电信业，2010(8): 17-19.

[7] 张洁晶. 中国纯电动车商业模式分析 [J]. 汽车工程师，2011(12): 17-20.

[8] 李建军. 物联网研究综述 [J]. 中国产业，2011(1): 74-76.

第三章
电动汽车—电网的双向互动

V2G 是电动汽车与电网之间的双向互动技术。我国《新能源汽车产业发展规划（2021—2035 年）》指出，要加强新能源汽车与电网（V2G）能量互动，鼓励地方开展 V2G 示范应用，统筹新能源汽车充放电、电力调度需求，综合运用峰谷电价、新能源汽车充电优惠等政策，实现新能源汽车与电网能量高效互动，降低新能源汽车用电成本，提高电网调峰调频、安全应急等响应能力。同时，为了更加高效地整合分布式可再生能源，平衡电网峰谷，提高电网效率，电网的智能革命也在逐步展开。V2G 作为一种构建电动汽车与智能电网之间互动关系的技术，是传统汽车工业及电网两大高碳领域低碳化转型的新方向，也是两大革命的交互与碰撞，可以说，V2G 技术正引领着一场电网和传统汽车工业的双重低碳智能革命，同时也承载着新能源汽车的节能减碳价值。

一、V2G 的智能低碳特征

V2G 技术实现了电动汽车与智能电网之间的智能沟通和协调连接，从而构建了电动汽车充电的最优化模式：当车载动力电池需要充电时，电网可以自动为汽车充电；当汽车暂停使用时，车载动力电池中的余电可以返销给电网。V2G系统的运行过程体现出双向互动、高效协调和互利共赢等特征（图 3.1）。

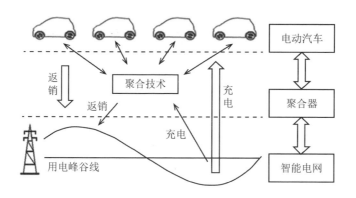

图 3.1　V2G 系统运行基本模式

（一）双向互动：智能电网是电动汽车与电网交互传输的系统平台

智能电网，即电网的智能化，建立在集成的、高速双向通信网络的基础上，快速响应电力市场和企业业务需求，为用户提供可靠、经济的电力服务。用户与电网的自适应交互，即信息的高效获取和传递，是智能电网最具特色的功能。高度集成的信息系统，一方面，可以全面监控电网动态，掌握电力设施运行状况；另一方面，可以双向传输电网和电力用户之间的智能数据，实行动态的浮动电价制度。因此，V2G 系统可以使客户需求、电网状态、车辆信息、计量计费等信息在电动汽车与智能电网之间交互传递。这种双向互动既有用户与电网的交互，又有用户与车辆的交互。同时，在 V2G 系统中，能量也可以双向、实时、可控、高效地在汽车和电网之间流动。在受控状态下，电动汽车不仅可以作为电力消费体，而且可以在电动汽车闲置时作为绿色能源为电网提供电力。具体来说，就是将处于停驶状态并且数量足够多的电动汽车接入智能电网，将其作为可移动的分布式储能装置，在满足电动汽车用户行驶需求的前提下，将剩余电能返销给电网。

（二）高效协调：信息聚合技术是 V2G 发挥快速调峰功能的科技保障

信息聚合技术，即在传输数据的同时对数据进行处理、传输与融合并行的一种技术，它的实体形式被称为聚合器。一般来说，传统的调峰、调频很难对自动发电量控制信号在短时间内做出准确响应，要求电网调度有更大的响应功率储备裕度。在 V2G 系统中，每辆电动汽车可以理解为一个智能电网的分布式储存单元，在用电高峰时段放电，以替代调峰电厂的作用。显然，单辆电动汽车的动力电池远远无法满足调峰的需求，但由信息聚合技术联合起来的众多电动汽车却可以满足。由于信息聚合技术能对数据进行准确处理和传输，因此 V2G 系统能够对调频、调峰命令做出快速而准确的响应，从而减少功率储备裕度。从 V2G 系统对调峰指令的反应速度来看，通过信息聚合技术，具有双向功率调节功能的电动汽车车载动力电池对调峰信号的反应速度快达 0.05 秒，而传统调峰电源（如火电厂）在接到调峰信号后，则需要一定的启动时间，响应时间可能长达几分钟。信息聚合技术可以使分散的资源规模化，从电网角度来看，就好像只有一个单独实体参与提供调控服务，这大大提高了 V2G 系统响应电网调峰指令的精度和效率。

（三）互利共赢：高效的充放电策略是电动汽车市场化推广的经济基础

V2G 技术最引人瞩目的一个特征是能够统一部署电池的充放电，利用"在用电波谷时段充电，在用电波峰时段售电"这一高效的充放电策略，使电动汽车用户、电网企业、充换电设施运营商和汽车企业共享利益。对电动汽车用户而言，可以在实行浮动电价的前提下，选择在低电价时给车辆充电，在高电价时将电动汽车储存能量出售给智能电网，利用其中的价差来获得现金收入，降低置换和维护保养电动汽车的经济成本；对电网公司而言，电动汽车可作为可移动分布式储能装置和调峰系统，在电力供应富余时充电，提高电力的利用效率，在用电紧张时放电，缓解用电压力，减少电网建设投资，提高电网运行的效率和可靠性；对于汽车企业而言，目前面临着电动汽车短时间内不能大量普及的困境，一个重要原因就是电动汽车的成本过高，而 V2G 技术的使用能有效降低电动汽车的使用成本，减轻电动汽车用户的负担，推动电动汽车的市场化推广和规模化生产，新能源汽车产业也将迎来全新的发展契机。

二、V2G 的节能减碳价值和经济效益

V2G 作为一种构建电动汽车与智能电网之间互动关系的技术，具有重要

的社会价值和深远的战略意义。首先，电动汽车使用的规模化，能够直接减少汽车使用周期内的二氧化碳及其他污染物排放，有效缓解目前城市空气污染问题；其次，V2G 技术能够整合可再生能源，平衡电网峰谷负荷与空载，从而提高能源使用效率；最后，V2G 技术还能够让电动汽车通过调峰获取可观的经济效益。

（一）扩大电动汽车规模，促进高能效和碳减排

传统燃油汽车碳排放是人类碳排放的主要来源之一，据科学家的测算，全球传统汽车每年向大气层排放二氧化碳 40 多亿吨，占人类碳排放总量的 20%，已经超过了工业领域的排放量，而以电力驱动的电动汽车则是实现交通低碳化的关键技术之一。与传统汽车相比，电动汽车具有更高的能源利用效率，对传统汽车和电动汽车"从矿井到车轮"能量效率分析表明，电动汽车的能源利用效率比传统汽车高出 46% 以上。更值得关注的是，应用 V2G 技术的电动汽车由于动力装置的区别，以电动机取代燃油机，使用清洁的二次能源电能为汽车提供动力，在行驶过程中不会排放二氧化碳，即使考虑电力生产过程的二氧化碳排放，相较于传统汽车而言，纯电动汽车也具有最高达 68% 的碳减排潜力，而混合动力电动汽车的碳减排能力也能达到 30%（图 3.2）。

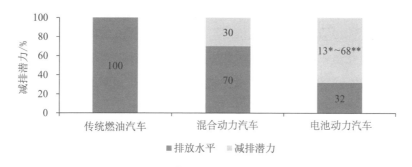

图 3.2　电动汽车与燃油汽车减排潜力比较

注：以传统燃油汽车二氧化碳排放水平作为基准测算。*，煤电情景（假设电能完全来自煤炭发电）；**，天然气情景（假设电能完全来自燃气发电）。

数据来源：贝恩公司与气候组织. 低碳技术市场化之路——电动汽车 [R].2010:11.

（二）整合可再生能源，实现电力来源清洁化、低碳化、多元化

我国的能源消耗以煤炭为主。2021 年，我国煤炭消费量在一次能源消费结构中所占比例为 56.0%[1]。在电力生产方面，我国目前以火力发电为主，电力部门的二氧化碳排放问题异常严重。随着能源消耗的逐步加快，只有大力发展可再生能源，才能满足未来经济发展对能源的需求。但是，可再生能源资源分散、存储困难，以新能源和可再生能源为主的小型发电装置，如光伏发电、风力发电等，其功率输出具有随机性和波动性等特点。基于以上原因，弃风弃光现象一度成为未来一段时期内也会制约我国新能源产业高质量发展的重要因素。有人形象地比喻，风电光电就像地头的农特产品，随着种植规模扩大，当地老百姓吃不完，深加工能力跟不上，外送物流渠道又不畅通，只能将一部分白白扔掉。由此可见，弃风弃光的根源，是一定区域内的新能源电源建设速度超出消纳能力，从而造成能源的规模化发展和高效消纳利用之间的矛盾[2]。在"双碳"目标下，我国已明确，到 2030 年，风电和太阳能发电总装机容量达到 12 亿千瓦以上。从国家规划、能源消费的低碳化趋势和新能源装备技术等各个层面，都释放出了新能源进一步大规模开发利用的利好信号。随着新能源的急速扩张，电网所面临的瓶颈日益凸显。

V2G 技术的一项重要功能便是帮助可再生能源导入电网，将分散的、暂时不用的可再生能源收集到车载电池中，等电网有需要时再返销出去。2009 年 3 月，丹麦在博恩霍尔姆岛创建了智能电网的验证项目，将岛上每个家庭的电动汽车作为一个个终端接入电网，用作家庭储电设备。在风力强、风力发电能力超过日常用电需要时，电动汽车可作为储电设备存储一部分电力；而在风力弱、风力发电能力满足不了用电需要时，电动汽车就用作供电设备，成为风力发电的补偿。2019 年，丹麦全国风力发电已经占总电力消耗量的 47%。可见，V2G 技术为可再生能源的整合应用和清洁的可再生能源的充分利用创造了条件，也使电力来源更加多元化，对能源结构的低碳化产生了积极作用。

（三）平衡电网峰谷负荷，提高电网稳定性、高效性

近年来，随着社会用电量的急剧增加，我国累计发电装机容量也逐年上升。与此同时，城市电网也面临着日益严重的峰谷差问题。国网能源研究院能

源电力"十四五"规划前期研究显示，预计"十四五"期间全社会用电量增长率为 4%~5%，电力弹性系数小于 1，电力负荷峰谷差持续加大[3]。一方面，大城市用电高峰持续增长，迫使电力企业不断新建发电机组，以满足用电高峰的需求；另一方面，夜间的用电低谷导致大量谷电的浪费，而电力企业的各种调峰填谷技术方案也往往面临着能源效率低、设备损耗大或投资额高等问题。例如，抽水蓄能电站，能源效率仅为 70% 左右，而且对地理位置要求较高；蓄能效率较高的电池蓄能电站不仅技术尚未完全成熟，而且投资规模巨大。

V2G 技术能在用户和电网之间搭建实时信息交流的平台，通过让电动汽车参与削峰填谷的方式来提高电网的效率。在用电高峰、供电紧张的白天，电动汽车可作为良好的分布式调峰设备，集体为电网供应蓄电池内的余电，代替调峰电厂起到平衡电网峰谷负荷的作用。同时，电动汽车不仅能够有效缓解用电高峰时电网的压力，避免产生输电阻塞、电力短缺等现象，而且由于其更贴近用户，在能量转换后可以进行高效利用，能有效避免远距离输电带来的输变电损失和输热损失，综合利用率可高达 75%~90%[4]。在用电低谷、供电充足的夜间，电动汽车就可以选择充电模式，集体存储电能，解决传统电网所面临的电能空耗的现象。以广东省为例，电网在夏季的平均峰谷负荷可达 2000 万千瓦，谷电就能满足 600 万辆电动汽车夜间充电的需求。V2G 技术的应用，不仅能平衡电网峰谷负荷，而且能使发电厂所供应的电能得到充分利用，从而提高电网稳定性和高效性。

（四）利用最优充放电模式，收获经济效益

V2G 的最优充放电模式是在用电波谷时段充电，在用电波峰时段返销电能，通过峰谷价差，获得经济效益。通过成本－效益分析比较可得，在汽车维护和行驶成本方面，电动汽车比汽油动力汽车相对低 40% 左右。如果将 V2G 模式的净收益也考虑进去，那么电动汽车的优势就更加明显（表 3.1）。正如美国学者伦纳德·贝克（Leonard Beck）所说，实质上，从 V2G 调控服务上取得的收入足以支付车辆的一切款项。因此，买方不仅无须付费就可以获得全新的电动汽车，还可以享受无须维修以及低燃料价格的好处[4]。

表 3.1 各种类型汽车运行 10 年成本及收益比较

（单位：美元）

	汽油动力汽车	混合动力汽车	电动汽车
汽车购置或改装价格	16100	23090	39000
汽车运营成本	25380	22044	15107
V2G 模式总收益	—	—	53801
净开销	41480	45134	306

山东大学 V2G 充电站将纯电动快递车 V2G 充电桩接入电网，成为储能单元，提供 V2G 增值服务。在峰谷分时电价政策下，对比分析不同电池类型、不同容量配置、不同峰谷运行模型下的收益率，结果发现：纯电动快递车参与 V2G 可显著增加纯电动快递配送车的经济效益，能够促进电动快递配送车辆的推广应用；车辆 V2G 为电网削峰填谷提供了一种更低成本的解决方案，有利于提高电网运行的经济效益；随着电池价格的进一步下降，以及电网调峰、调频等辅助服务市场的发展，V2G 为用户和电网创造的经济效益将进一步提升[5]。

三、V2G 发展的主要障碍

随着电动汽车的不断推广及智能电网建设工作的不断展开，V2G 技术越来越受到广泛的关注。但是在许多国家，V2G 技术仍处于研究的起步阶段。就我国而言，V2G 技术研发及应用还存在以下几个问题。

（一）智能电网建设工作刚起步

V2G 技术应用必须要有强大的智能电网作为支撑，可以说，智能电网是 V2G 技术的基础。虽然国家电网公司已经开始了智能电网的发展计划，但目前我国智能电网建设工作仍处于规划试点阶段。我国的经济发展阶段和能源集中分布特点决定了要把我国的智能电网建设成一个具有长距离、大容量输电特征的特高压的坚强电网。这是有别于美国的。

（二）配套的基础设施建设相对较为滞后

在我国，随着各种优惠政策的出台，电动汽车的发展已经迎来了重要的机遇期。但是充电站、充电机、充电桩和充电接口等基础设施的严重不足，直接阻碍了电动汽车的发展。应用 V2G 技术的电动汽车对充电设施的要求更高。应用 V2G 技术，就需要有一个充电网络体系，让电动汽车无论是停在公共场所还是私人住所都能顺利实现充放电的过程。这样的优质充电网络的建设，一直都困扰着电动汽车开发商和生产商，同时也影响着消费者对于使用电动汽车的信心。因此，发展 V2G 技术的同时也要跟进配套基础设施的建设。

（三）电动汽车电池储能技术和使用寿命有待进一步提高

在应用 V2G 技术时，大量电动汽车的电池就成了天然的分布式储能单元。电池的储电能力越高，电动汽车的续驶能力显然就越强。在作为分布式储能单元为智能电网返销电力时，储电能力越高的电池返销电力越多，给智能电网补充的负荷也越多。也就是说，储电能力越强的电池，缓解电网高峰用电压力的能力也越强。此外，电动汽车的电池在使用过程中都有寿命限制，电池每进行充放电一次，寿命就会减少一点，因此，只有当电池每次所储存的电量的增值大于电池每次充放电时所耗损的价值时，V2G 才会更有经济意义。那么提高电池储能技术，同时延长电池使用寿命，将会让 V2G 得到更好的应用。

四、V2G 引领城市交通低碳化的实现策略

自从智能电网的相关工作启动以来，V2G 技术便开始越来越受到关注。但是，目前还只有少数机构涉足这个领域。美国是 V2G 技术的领头羊，2009 年，时任美国总统奥巴马在底特律汽车工业基地说，让汽车插到电网上，石油时代必须在我们这一代结束。同年，中美两国发表《中美联合声明》（2009 年 11 月 17 日），启动中美电动汽车倡议，把电动汽车提升到国家间战略合作的高度。美国已经对 V2G 技术进行了诸多前瞻性的研究和实验，并在 20 多个城市开展 V2G 试点，其他一些机构也涉足了 V2G 的研究，如美国国家可再生能源实验室、美国太平洋电力公司等[2]。

（一）研发技术创新是发展 V2G 的前提

虽然在经历了"八五"期间的国家科技攻关项目、"九五"期间的国家重大科技产业工程项目和"十五"期间的电动汽车重大科技专项三个阶段之后，中国在电动汽车技术领域取得了一系列的科研成果，但是目前 V2G 技术仍处于研究的起步阶段，仍然面临着诸多问题，例如：智能电网建设工作才刚刚起步，这是制约 V2G 发展的首要原因；配套的基础设施建设相对较为滞后，没有建成一个便捷的充电网络和终端电力及信息交换设备；电动汽车的电池技术和使用寿命也有待提高；等等。因此，在短期内，电动汽车和 V2G 技术的运用都难以达到商业化的水平。为了克服各种技术难题，促进 V2G 技术的成熟及电动汽车的发展，应进一步加大对研发的支持力度，重视电动汽车专业人才的培养，合理地协调和引导企业的创新行为。

（二）终端市场培育是应用 V2G 的基础

汽车工业的"低碳革命"，实际上是一个电动汽车大规模代替传统汽车的过程，一定程度上依赖于电动汽车在汽车销售总量中的占比。可以说，电动汽车的产业化是 V2G 大规模投入运用的基础。目前，我国一部分本土企业（如比亚迪）依托电池技术的优势，已经推出能与国外领先厂家匹敌的高性能产品。同时，在电动汽车研发上具有较多专利和设计储备优势的外资企业也开始积极投入中国的汽车市场。但是，电动汽车与传统汽车相比，由于商业化模式尚未形成，还存在着价格普遍偏高的问题，这也使得 V2G 技术的发展前景堪忧。因此，在将 V2G 技术的智能充电过程融入商业化运作理念的同时，首先要及时激发终端消费者的购买热情，培育电动汽车的终端市场。目前，国家在电动汽车市场推广上已经制定并实施了大力度的、持续的补贴措施。除此之外，在具体政策安排上，除了补贴和税费减免之外，政府还可考虑建立与汽车能耗和污染排放挂钩的长效税收机制，增加传统燃油汽车的使用成本，调动消费者购买和使用电动汽车的积极性。

（三）政府政策导向是普及 V2G 的保障

受限于当前我国技术发展水平、成本、配套设施和市场接受度等因素，我国电动汽车的发展将可能在很长一段时期内仍处于萌芽期，这个阶段需要政府持续的扶持和投入。同时，也有一些专家认为，虽然目前业界对发展电动汽车的热情高涨，但恐怕不久后会出现热情消退、后续跟进乏力的状况，因此政府的坚持将成为产业发展的基石。自"八五"期间将电动汽车列入国家科技攻关项目开始，我国在电动汽车发展的道路上已经行进了二十余年。目前，促进电动汽车技术发展与产业化的政策规划已颇具雏形。一方面，中央政府将持续新能源汽车产业政策刺激。2009年3月颁布的《汽车产业调整和振兴规划》从国家层面首次提出了"新能源汽车战略"，推出了支持研发、补贴示范、规范产业、鼓励消费等方面的相关政策；2020年11月颁布的《新能源汽车产业发展规划（2021—2035年）》，不仅是对《节能与新能源汽车产业发展规划（2012—2020年）》的政策延续，而且是对未来15年新能源汽车产业的战略性方针指引，该规划明确了发展规划与目标，为行业和市场带来发展定力与信心；同时，从2009年3月发布《关于开展节能与新能源汽车示范推广试点工作的通知》开始，国务院相关部门陆续发布了一系列新能源汽车推广应用财政补贴政策，直至2022年，大力支持新能源汽车推广应用。另一方面，各级地方政府也积极落实中央政策，推动示范试点和产业化进程。一些地方政府在公交车、公务用车、环卫、出租车、邮政物流、网约车（共享汽车）等领域展开了颇有价值的尝试。我们有理由相信，不久的将来，中国新能源汽车发展将步入一个崭新的阶段。

新能源与新能源汽车是交通运输业低碳化发展的主流趋势，而V2G技术为其注入了新动力。V2G技术一方面带动了智能电网和新能源汽车两大战略性新兴产业的发展，另一方面也为汽车工业与传统电网的低碳化转型提供了新方向。对中国而言，V2G技术的发展虽然存在种种挑战，但同时又正面临着难得的机遇，因此，V2G技术很可能成为新的经济增长点。

参考文献

[1]　国家统计局. 中华人民共和国2021年国民经济和社会发展统计公报 [R]. 2022–02–28.

[2]　陈发明. 新能源消纳能力要跟上，经济日报 [N]. 2022–06–08.

[3] 张宁，汤芳，代红才 . "十四五" 能源电力发展重大问题展望 [J]. 能源，2020(1): 27-31.

[4] Beck L J. V2G-101: A Text about Vehicle-to-Grid, the Technology Which Enables a Future of Clean and Efficient Electric-Powered Transportation[M]. United States: BookSurge Publishing, 2009: 34-36.

[5] 张婉莹，张国新，李亚锦，等 . 纯电动快递配送车 V2G 削峰填谷经济效益分析 [J]. 2020, 9(S1): 45-51.

第二篇

推广模式篇

由于动力电池、技术标准、充换电基础设施等方面的瓶颈性问题，电动汽车推广步履维艰。如何创新商业模式和推广方式，激活电动汽车消费需求，是实现城市交通低碳转型的重大课题。

作为新能源汽车尤其是新能源乘用车推广应用最为广泛的模式之一，新能源汽车分时租赁是新能源汽车进入家庭的"预演"，是比试车路演更加直接、更加接近用车实际的"演习"。在补贴退坡乃至"后补贴时代"背景下，分时租赁是新能源汽车产业及其推广应用摆脱补贴依赖，实现可持续发展的重要途径。新能源汽车分时租赁具有节能减排、改善交通和吸引风投的优势；但也存在运营成本、平台运行和安全管理等方面的劣势；面临政策支撑有力、出行需求旺盛和车联网技术逐渐成熟的重大机遇，但也遭受着激烈的行业竞争和地方保护主义等威胁。

作为新能源汽车推广应用的理想形态，电动汽车共享可运用物联网和（移动）互联网技术，通过所有权与使用权的分离，实现电动汽车共享；通过构建技术兼容和标准统一的充换电网络，实现基础设施共享；通过数据信息共享与大数据分析处理，实现资源优化配置；最终，通过政府政策支撑共享系统基础设施建设和示范运营的"路演"为电动汽车进入家庭奠定基础，创造条件。

本篇共两章，分别从电动汽车分时租赁和电动汽车共享系统的理想构建两个方面展开讨论。

第四章

电动汽车分时租赁

近年来，技术成熟度与市场规模、用户普及程度与基础设施建设、产业规模与经济效益等一系列矛盾钳制着新能源汽车的推广应用[1]。2019年，我国新能源汽车产销量自2011年以来首次出现下滑，补贴退坡和政策的弱预期性是重要原因。鉴于此，财政部、工业和信息化部、科技部、发展改革委四部委联合发布《关于完善新能源汽车推广应用财政补贴政策的通知》（财建〔2020〕86号），延长补贴政策实施期限，原则上2020—2022年每年补贴标准分别在上一年基础上退坡10%、20%、30%。然而，"平缓退坡"或可延缓却难以阻止"后补贴时代"的到来。那么在补贴退坡甚至退出的背景下，新能源汽车的推广应用将何去何从？笔者认为，在短期内无法取得重大技术突破的背景下，"分时租赁"等商业模式革新是从非技术层面解决问题的重要选项[2-3]。

当前，中国新能源汽车分时租赁行业已基本形成以分时租赁运营商为核心，车辆生产商、车辆中间商、软硬件技术提供商、配套设施提供商和第三方服务商等多元主体协作运行的商业模式。按该商业模式，运营商可分为垂直运营商与平台运营商。垂直运营商是由生产厂商、车辆中间商和运营商所组成的有机联合体，其代表有GoFun出行、EVCARD和微公交等；平台运营商是指部分企业因缺乏相应的资金与技术而委托的第三方运营平台，例如微租车、宝驾出行等。然而，新能源汽车分时租赁也面临着运营成本、基础设施、技术研发、安全管理和市场发育等多方面问题，亟待全面梳理、研究和破解。

一、文献综述和分析框架

国内外学者围绕新能源汽车分时租赁展开了一系列研究。一些研究利用模型、算法等方法，通过定量分析，解决分时租赁的运营问题。Correia 等[4]通过线性模型，规划分时租赁站点的选址与前期建设；王永兴等[5]运用遗传算法，优化上下班高峰时段分时租赁用户的预约分配策略；赵蒙等[6]利用时空网络建模，完善新能源汽车分时租赁的跨网点调度方法；刘向等[7]基于 Nested Logit 离散选择模型探究影响用户出行选择的因素，发现使用成本、站点距离、出行里程、驾龄、私家车拥有量和年龄等因素对用户是否选择新能源汽车分时租赁有显著影响；王丽丽等[8]从多 Agent 仿真的思路出发，探讨车队规模和停车位数量对运营利润的影响，比较消费者还车和站点员工还车情景。

也有一些学者探讨了推动新能源汽车分时租赁行业发展的因素、问题并提出相应对策。刘颖琦等[9]认为新能源汽车分时租赁行业的发展与政策、技术、产品等三要素密不可分，并逐步呈现区域差异化的发展特征；石差月等[10]提出政府应给予必要的财政支持和税收优惠，推动新能源汽车分时租赁行业的可持续发展；张立章等[11]从供给、需求和环境等角度深入分析，发现我国汽车分时租赁行业发展政策存在内容缺失、细则不足和构建缓慢的问题；唐千皓[12]从宏观和微观层面探讨了分时租赁在立法上存在的问题，认为要明确交易各方的权利和义务，促进征信机制和保险机制的完善；黄毅祥等[13]通过构建进化博弈模型揭示了新能源汽车分时租赁市场竞争过程。

回顾文献不难发现，许多研究集中在解决新能源汽车分时租赁行业内部具体问题或分析外部推动行业发展的重要因素，但是鲜有对新能源汽车分时租赁行业发展的全局研究。SWOT 分析法是制定发展策略的常用方法之一[14]，广泛应用于汽车相关行业，如汽车技术开发[15]、地区性汽车产业发展评估[16]和汽车行业战略联盟规划[17]等。本节定义 S（strength，优势）为推动新能源汽车分时租赁行业发展的内部要素（环境、交通、资本），W（weakness，劣势）为阻碍行业发展的内部要素（运营成本、平台运行、安全管理），O（opportunity，机遇）为支持行业发展外部要素（政策、用户、技术），T（threat，威胁）为阻碍行业发展外部要素（行业竞争、地方保护主义），以此构建 SWOT 分析模型，深入分析中国新能源汽车分时租赁行业发展的影响因素，并提出相应的策略选择。

二、中国新能源汽车分时租赁的 SWOT 分析

（一）优势（S）

一方面，新能源汽车分时租赁具有节能减排、改善交通的优势基因。新能源汽车能耗、污染物排放量远小于燃油车，同时分时租赁模式能促进新能源消纳、绿色出行，进一步凸显环境效益（表 4.1）[18]。新能源汽车分时租赁还能缓解交通拥堵，提升出行体验，提高效率。中国工程院院士李骏在 2019 第二届国际汽车智能共享出行大会上指出：一辆共享汽车可替代 4~10 辆私家车，若每平方公里有 2 辆及以上的共享汽车，则能够减少 30%~40% 的交通拥堵时间，缩减 40% 的城市停车空间；分时租赁可以解决多情景的用户出行需求[19]，例如通勤、商务出行和外出游玩等，相比公共交通、出租车的出行方式，有着更高的经济性、舒适性和便利度。

表 4.1　新能源汽车每百公里污染物排放量　　　　　（单位：g）

排放物	燃油车	新能源汽车（无共享）	新能源汽车（60% 共享）
CO	910	0	0
NO_x	1225	225	168.3
颗粒物（PM）	65.9	59.4	44.4
碳排放	17400	12400	8100

数据来源：参考文献 [18]。

另一方面，新能源汽车分时租赁还获得了风险资本的青睐。风险资本极大地支持了新能源汽车分时租赁行业的早期孵化及其后续稳健发展（表 4.2），让运营商有效规避了资金链断裂的风险，同时获得了政策、媒体、人才、市场渠道、下一轮融资渠道等实现进一步横向拓展和纵深发展的市场资源。

表 4.2　新能源汽车分时租赁平台的融资情况

运营商	融资时间	融资轮次	融资金额 / 万元	投资方
盼达用车	2017 年 10 月 8 日	战略融资	1575	力帆股份
	2017 年 12 月 4 日	A 轮	—	力帆集团
EVCARD	2016 年 10 月 13 日	A 轮	—	上汽投资
	2018 年 7 月 10 日	B 轮	—	申能集团

续表

运营商	融资时间	融资轮次	融资金额/万元	投资方
一度用车	2015 年 4 月 1 日	天使轮	3000	特锐德
	2016 年 5 月 5 日	A 轮	12800	国轩集团领投、中华创新基金会跟投
	2017 年 9 月 19 日	B 轮	—	德锐投资
GoFun 用车	2016 年 11 月 17 日	战略融资	—	大众
	2017 年 11 月 24 日	A 轮	21400	奇瑞汽车、大众嘉实投资
Ponycar 马上用车	2017 年 2 月 27 日	A 轮	5000	中致远汽车集团国信基金
	2017 年 6 月 12 日	B 轮	15000	惠友投资、华峰资本
	2017 年 11 月 7 日	C 轮	25000	知合出行
车纷享	2013 年 7 月 1 日	A 轮	1000	盈动资本

数据来源：整理自天眼查，https://www.tianyancha.com.

（二）劣势（W）

首先，车辆成本高导致经营困难。笔者调研发现，车辆购置成本占总成本的 40%~50%。过高的固定资产投资和居高不下的运营成本成为行业发展的包袱，将损害经营的可持续性和可拓展性。截至 2019 年 1 月，有近 18 家新能源汽车分时租赁运营商因资金链断裂、经营不善等原因相继停运。其次，平台运行亟须改善。新能源汽车分时租赁运营的主流模式是单程运营模式，用户取、还车的高自由度特征易造成车辆调配难、供需失衡。笔者通过用车 APP 对网点车辆总数进行定时观察，发现网点设置与潜在用车需求不匹配，在早晚高峰时段网点可租车数较低，甚至出现"无车可用"的现象；同时，网点内停车位稀少，难以满足用户需求，若无空余车位，用户还将面临"超停罚款"，用户体验将大打折扣（表 4.3）。最后，安全管理仍需改进：无法做到在每一次交还车后进行专业检查，一旦发生爆胎或电池电量突然衰减等情形，极易发生交通事故；非法驾驶难以杜绝；破坏车辆玻璃、损坏车内设备设施、盗走车辆证件等现象屡见不鲜；动力电池的续航能力和安全保障也一直备受关注，时有发生的电池自燃或在交通事故中燃爆引发了人们对安全问题的担忧。

表 4.3 杭州 GoFun 部分网点分布情况

区域（标志物）	1 公里内网点数	网点内停车位	停车费
杭州东站	1 个	15 个	正常停车，无；超额停放，10 元
湖滨银泰	1 个	6 个	正常停车，无；禁止超额停放
杭州大厦	2 个	3 个；3 个	正常停车，无；需要垫付停车费；超额停放，30 元
浙江工业大学屏峰校区	2 个	9 个；10 个	正常停车，无；超额停放，10 元；超额停放，0 元

数据来源：整理自 GoFun 出行 APP 和高德地图，2019 年 12 月。

（三）机会（O）

首先，政策支持有力。随着新能源汽车推广应用相关政策相继出台（表 4.4），推广范围逐步扩大至全国，同时也为新能源汽车分时租赁的发展提供了客观条件。2017 年 8 月 4 日，交通运输部、住房城乡建设部联合发布的《关于促进小微型客车租赁健康发展的指导意见》（交运发〔2017〕110 号）明确提出，为分时租赁行业提供公共停车场、城市道路停车等优惠。北京、广州、上海、深圳等城市也出台相关政策，例如建设新能源汽车分时租赁网络，替换运营中的传统汽车，为充电桩、停车场等配套设施建设提供政策优惠等。其次，用户自驾出行需求旺盛。国内众多城市已采取限牌或限行举措，然而居民的购车和自驾需求日益高涨，与私家车牌照和路权限制之间的矛盾日益凸显。截至 2019 年，"有本（驾驶证）无车"群体达 1.9 亿，驾驶人规模持续增长，为新能源汽车分时租赁提供了庞大的潜在用户基数。最后，车联网技术发展迅速。5G 技术、大数据技术以及人工智能将有效推动车联网技术的完善，扩展应用场景，优化车辆管理，高效配置共享资源，降低场地、调度等运营成本，提升用户体验，吸引潜在用户。

表 4.4 新能源汽车推广应用相关政策

名称	年份	内容
《关于开展节能与新能源汽车示范推广试点工作的通知》	2009	13 个城市开展试点工作
《关于扩大公共服务领域节能与新能源汽车示范推广有关工作的通知》	2010	试点增至 20 个城市
《关于继续开展新能源汽车推广应用工作的通知》	2013	扩增至 88 个城市，补贴退坡

续表

名称	年份	内容
《关于进一步做好新能源汽车推广应用工作的通知》	2014	调整退坡幅度
《关于2016—2020年新能源汽车推广应用财政支持政策的通知》	2015	全国推广，调整补贴要求
《关于调整新能源汽车推广应用财政补贴政策的通知》	2016	补贴改为清算
《关于调整完善新能源汽车推广应用财政补贴政策的通知》	2018	提出运行里程要求
《关于进一步完善新能源汽车推广应用财政补贴政策的通知》	2019	完善补贴标准和清算制度
《关于完善新能源汽车推广应用财政补贴政策的通知》	2020	延长补贴，缓慢退坡

（四）威胁（T）

其一，来自传统汽车分时租赁的威胁。神州租车的用车资费低，位于EVCARD和GoFun之间。TOGO租车的奔驰SMART乘驾体验最舒适，取、还车服务便捷，已初步实现分时租赁的"随取随用、即借即还"（表4.5）。传统汽车分时租赁行业既能提供舒适的乘驾体验，又能实行低价政策，具备较强的行业竞争力。随着新能源汽车补贴退坡，新能源汽车分时租赁将难以继续支撑低价战略，处于相对劣势。其他行业威胁还有网约车和传统出租车等。其二，地方保护主义的限制。例如，EVCARD在创业初期受到政策扶持，几乎垄断上海市区的新能源汽车分时租赁市场。与此相比，非上海本土的微公交虽然获得上海的运营牌照，但也只能在金山等偏远郊区经营，无法获取更多的市场资源。这破坏了行业竞争的公平性，不利于行业的健康发展，市场机制优化资源配置的优胜劣汰作用难以发挥。

表4.5 新能源汽车分时租赁与传统汽车分时租赁代表企业运营模式对比

租赁模式	新能源汽车分时租赁		传统汽车分时租赁	
代表公司	EVCARD	GoFun	神州租车	TOGO租车
车型	荣威E50	北汽EV200	朗逸（燃油车）	奔驰SMART（燃油车）
押金金额	分级押金制度	芝麻信用免押	绑定信用卡或芝麻信用免押	储值押金1500元
退还政策	30天后申请7天内退款	15天后申请7天内到账	扣除违章退还余额	20天后申请7天内退款
取车位置	指定停车场	指定停车场	指定停车场	任意位置

租赁模式	新能源汽车分时租赁		传统汽车分时租赁	
总费用 （0.5 小时 10 公里）	用车时间： 30×0.6 =18 元	里程数＋用车时间： 0.1×30+10×1 =13 元	里程费＋用车时间： 0.19×30+0.99×10 =15.6 元	起步费＋用车时间＋ 里程： 15+1.88×10=33.8 元
还车	对应停车场	对应停车场	自营网点或合作车 位免费，围栏外另 收调度费	任意停车位，根据最近 的规定停车场收费，最 高 15 元

数据来源：整理自各企业官网和 APP。

三、新能源汽车分时租赁发展战略建议

新能源汽车分时租赁具有节能减排、改善交通、提升用户出行效率和吸引风投的优势，同时也存在运营成本高、平台运行难以满足用户需求和安全管理不完善的劣势；虽然新能源汽车分时租赁面临政策支撑、用户出行需求旺盛、车联网技术逐渐成熟的机遇，但也遭受了来自传统汽车分时租赁和地方保护主义的威胁。基于上述结论，提出以下四项策略建议。

（1）SO 策略。新能源汽车分时租赁运营商可利用 5G 等新一代信息技术加强平台对车况的实时监测，将大数据和人工智能技术运用于车辆查找、取车还车、路径规划等环节优化以提高用车效率；合理利用风投资本，加大用车优惠力度，用邀请奖励、累计用车奖励等方式吸引用户，同时凭借风投等级和用户数量吸引零售、娱乐等行业投资，通过广告投放，开发汽车金融产品等优化盈利模式。

（2）WO 策略。新能源汽车分时租赁运营商应加强与高校、研究所、信息技术企业的业务合作，通过大数据分析技术优化网点选址。鉴于新能源汽车的正外部性，政府相关部门应予以政策支持，在物流园、产业园、工业园、大型商业购物中心、农贸批发市场等物流集散地，合理设置免费车位或停车优惠。创新运营和盈利模式，新能源汽车分时租赁运营商与整车制造企业应加强合作，通过"以租代购"等方式降低运营成本；与充电基础设施企业合作分成，降低车辆充电成本；面向二、三线城市输出营运平台，包括 C 端平台（APP）+B 端运营平台（布点／调度／运营／车管／工单／财务）+品牌引流，实现佣金分成。

（3）ST策略。新能源汽车分时租赁运营商可通过信息共享、平台共建、网点共用、互相持股、联合研发、共同出资等方式和共享单车企业建立行业间联盟，解决用户用车"最后一公里"的问题。企业应建立车况实时监测系统，完善车况抽检制度，切实保障用户的用车安全。地方政府应摒弃地方保护主义，既要设置标准，规范市场准入和运营，又要提供一个自由竞争的市场环境。

（4）WT策略。新能源汽车分时租赁运营商应在网点附近安装智能监控设备，实时监控车辆的状况；降低取车拍照要求，将时间和定位功能加到图像对比技术中，去除整车拍照，保留车损部位拍照，完善车损鉴定机制；加强"车辆调度、停车管理、充电管理、行车救援"等多环节的配合，提高运营效率，实现低运营成本；采用车身广告、网点广告等方式积极宣传低碳环保理念，提升用户好感度，吸引潜在用户；依托大数据云计算技术，收集用户的行车轨迹、出行热门目的地等信息，通过APP推送目的地的旅游、美食等资讯，为用户提供便捷、贴心的增值服务。

参考文献

[1] 陈清泰.把握新能源汽车的历史机遇[J].环境保护，2010(18): 18–20.

[2] 欧阳明高.中国新能源汽车的研发及展望[J].科技导报，2016，34(6): 13–20.

[3] 叶瑞克，朱方思宇，范非，等.电动汽车共享系统(EVSS)研究[J].自然辩证法研究，2015, 31(7): 76–80.

[4] Correia G H D A, Antunes A P. Optimization approach to depot location and trip selection in one–way carsharing systems[J]. Transportation Research Part E–Logistics and Transportation Review. 2012, 48(1): 233–247.

[5] 王永兴，毕军，孙欢欢.车辆分时租赁模式高峰时段用户预约分配模型[J].北京交通大学学报，2017，41(6): 76–81.

[6] 赵蒙，安实，王健，等.基于时空网络建模的分时租赁系统电动汽车优化调度方法[J].科学技术与工程，2018, 18(23): 122–127.

[7] 刘向，董德存，王宁，等.基于Nested Logit的电动汽车分时租赁选择行为分析[J].同济大学学报(自然科学版)，2019, 47(1): 47–55.

[8] 王丽丽，田俊峰，杨磊.基于多Agent仿真的电动汽车分时租赁[J].控制与决策，2018, 33(8): 1489–1496.

[9] 刘颖琦，张力，李苏秀，等.基于城市层面的中国电动汽车分时租赁商业模式创新研究 [J].科学决策，2017(11): 29–53.

[10] 石羞月，彭华涛.发展我国新能源汽车分时租赁的财税政策研究 [J].财会通讯，2017(1): 29–32.

[11] 张立章，徐顺治，纪雪洪，等.汽车分时租赁行业发展政策研究 [J].宏观经济管理，2019(7): 85–90.

[12] 唐千皓.中国租赁型共享汽车立法问题研究 [J].广西民族大学学报 (哲学社会科学版)，2018，40(2): 179–185.

[13] 黄毅祥，蒲勇健.新能源汽车分时租赁市场竞争的进化博弈模型研究 [J].中国管理科学，2018，26(2): 79–85.

[14] Weihrich H. The TOWS Matrix—A Tool for Situational Analysis[J]. Long Range Planning,1982, 15(2): 54–66.

[15] 谌凯，吴巧玲，林志坚，等.基于专利分析和 SWOT 分析的我国增程式电动汽车开发战略研究 [J].科技管理研究，2015，35(13): 126–131.

[16] 贾凯君.安徽汽车零部件产业发展的 SWOT 分析 [J].合肥工业大学学报 (社会科学版)，2008(2): 28–31.

[17] Peyman A, Sasan B, Hamidreza M, et al. FQSPM–SWOT for strategic alliance planning and partner selection; Case study in a holding car manufacturer company[J]. Technological & Economic Development of Economy, 2015, 21(2): 165–185.

[18] 杨军，林洋佳，陈杰军，等.未来城市共享电动汽车发展模式 [J].电力建设，2019，40(4): 49–59.

[19] 纪雪洪，许研，冯锦山，等."数"说分时租赁 [J].经营者 (汽车商业评论)，2017(11): 72–76.

第五章
电动汽车共享系统

电动汽车共享系统（electric vehicle sharing system，EVSS）集物联网和（移动）互联网技术为一体，融入了低边际成本、互联互通、共建共享的互联网思维，通过所有权与使用权分离、分时共用、随租随还的方式，构建开放、环保、高效、共享的电动汽车应用推广商业模式和体验平台，为城市大规模推广电动汽车进入家庭以及普及城市低碳交通工具创造条件。电动汽车共享不仅是应对全球气候变化、治理城市雾霾的客观要求，还是实现城市交通绿色低碳转型发展和能源利用方式变革的根本途径。

一、把汽车插到电网上：城市雾霾治理的方向

（一）传统汽车是城市雾霾和温室气体的关键排放源

每年频繁席卷中国中东部的城市雾霾一直是热门的公众话题，以雾霾治理为标志的大气环境治理成为各级政府环保工作的难点重点领域。雾霾中的可入肺颗粒物 $PM_{2.5}$ 组成极其复杂[1]，可分为一次来源和二次来源。一次来源是指污染源直接向大气中排放的颗粒物；二次来源则是指污染源排放的气态污染物（气体和颗粒物，包括 CO、NO_x、SO_2、NH_3、$VOCs$、PM 等）在大气中经过了复杂的物理化学反应产生的颗粒物（包括硫酸盐、硝酸盐、铵盐、有机物、炭黑、重金属等）。相关研究表明，传统机动车是城市 $PM_{2.5}$ 的重要来源。北京市生态环境局第三轮（2021 年）细颗粒物（$PM_{2.5}$）来源解析监测数据显示，现阶段北京市 $PM_{2.5}$ 主要来源中本地排放近六成，其中移动源（机动车、非道路移动机械等）、生活源、扬尘源、工业源和燃煤源分担率分别为46%、16%、11%、10%和3%，移动源中柴油车与汽油车占比较大。根据第二次全国污染源普查（2021

年发布）结果，杭州市移动源排放的氮氧化物（NO_x）占全市 NO_x 排放总量的 74%，柴油车污染排放贡献尤为突出（杭州市柴油车保有量为 27.0 万辆，仅占机动车保有量的 8.9%，但其 NO_x 排放量占全市机动车排放量的 89% 以上）。

　　传统汽车也是温室气体关键排放源和能耗大户。1990 年以来，全球交通运输部门温室气体排放量一直增长，在 2019 年已经成为全球第四大排放源，仅次于电力、工业以及农业、森林和土地利用部门，其增长速度超过其他最终用途行业。如不采取进一步措施，预计到 2050 年，交通领域产生的二氧化碳排放量将比 2010 年增加一倍[3]。此外，交通领域石油消耗量占全社会石油消耗总量的 30% 以上[3]，电动汽车应用推广已经成为城市雾霾治理、温室气体减排和交通领域节能降耗的重要选项之一。

（二）电动汽车是城市交通低碳发展的方向

　　"把汽车插到电网上"，不仅是当年奥巴马竞选美国总统时的一句口号，而且已成为传统汽车工业低碳化转型的着力点和城市交通低碳发展的方向。纯电动汽车具备低碳、环保、高效、经济等多重优势（表 5.1），将引发一场汽车产业的低碳革命[4]。

表 5.1　电动汽车与传统汽车综合对比数据

	项目	单位	传统汽车	电动汽车
环境效应	CO 排放	g/kg	17	0
	HC 排放	g/kg	2.700	0
	NO_x 排放	g/kg	0.7400	0（0.0230）*
	CO_2 排放	g/kg	320	0（130）*
能源效率	能源来源	/	化石能源	多元电力来源
	燃油消耗	L/ 百公里	10	—
	电力消耗	kW·h/ 百公里	—	15~25
	能源—动力转换比		15%~20%（燃油—动力）	80%（电能—动力）
经济效益	能源费率（ER）**	元 / 百公里	57.7~79.8	5.7~33.1
	维修保养成本	元 / 年	10000	3000

　　注：*，括号中的数据考虑了燃煤电厂的排放。**，采用油价峰谷值和商用峰谷电价折算。
　　数据来源：作者测算与整理。

从环境效应上看，电动汽车几乎"零排放"。虽然电动汽车使用的燃煤发电仍会产生排放，但除了二氧化碳排放难以大幅削减外，现代超临界发电技术已使能源效率大幅提高，而现代脱硫脱硝和除尘装置技术也使二氧化硫、氮氧化物、PM 等排放大幅减少；而且电力来源多元化，除煤电外，还包括核电、水电、太阳能光伏发电、风电、生物质发电、潮汐发电等清洁能源发电[5]。因此，发展电动汽车是治理城市雾霾的有效路径，许多国家也将其作为可再生能源发展战略的重要组成部分[6]。从能源效率上看，电动汽车具备"削峰平谷"和蓄电功能[7]，夜间充电，白天驾驶，享受"夜间谷电"低价优惠，提高了电网效率和安全性[8]。实验表明，电动汽车的能源转换比（电能—动力）可高达 80%，而传统汽车（燃油—动力）能源转换比仅为 15%~20%[9]。从经济效益上看，电动汽车的结构相对简单，只有电动机，没有发动机，车辆维修维护成本低。传统汽车的能源费率（ER）会随成品油价格波动，一般为 57.7~79.8 元 / 百公里，而一般电动汽车百公里的耗电量仅为 15~25kW·h，能源费率为 5.7~33.1 元 / 百公里。因此，全球各国都十分重视和支持电动汽车发展，正如《第三次工作革命》的作者杰里米·里夫金（Jeremy Rifkin）所言，"电动汽车正在能源与运输领域掀起一场巨大的革命[10]。"

（三）电动汽车推广应用的机遇和挑战

随着城市雾霾治理和交通治堵压力的增大，政府对绿色低碳环保的新能源汽车的发展高度重视，电动汽车应用推广迎来了新的机遇。从政策层面讲，政府积极扶持，早在 2009 年，我国科技部、财政部、发改委、工业和信息化部就共同启动"十城千辆节能与新能源汽车示范推广应用工程"，形成涵盖研发、推广、消费、基础设施建设、财政补贴和税收优惠的政策框架体系。《节能与新能源汽车产业发展规划（2012—2020 年）》（国发〔2012〕22 号）明确了"以纯电驱动为新能源汽车发展和汽车工业转型的主要战略取向"。2014 年2 月，财政部出台《关于进一步做好新能源汽车推广应用工作的通知》（财建〔2014〕11 号），基本稳定了电动汽车购买补贴政策。从技术层面讲，电动汽车动力电池核心技术日趋成熟，第三代动力电池聚合物锂离子电池的能量密度已达 150~200Wh/kg，是第一代动力电池铅酸电池的 4~5 倍，续驶里程和快速充电技术已达到城市交通一般需求。电机技术、电控技术、车联网技术等电动汽车技术已较为成熟，且日趋数字化、智能化和智慧化。此外，为了治理城市雾霾，缓解交通拥堵，全国有八大城市出台了机动车牌照管制政策——"限购令"，而对新能源汽车（电动汽车）则都采取非限制和鼓励政策，这构成了电动汽车推广应用的利好和机遇。

但是，电动汽车推广应用的机遇与挑战并存，希望与困难同在。电动汽车新的运行体系要嵌入传统的城市空间格局，本身就非常困难。传统汽车的加油体系与电动汽车的充换电体系不可交互，而超快速充电技术仍处在实验室阶段。动力电池高导电率电极材料和降低固固界面电阻等关键技术瓶颈仍未突破，基于更高比能量电池的长续驶里程仍未实现。由于充换电基础设施配置不合理和技术标准不统一等问题，城市电动汽车基础设施的规划布局面临许多不确定性，再加上财政补贴不稳定、政策配套不系统、商业模式不成熟、维修维护体系不健全、用电价格政策未落实，消费者观望态度明显，消费需求处于潜伏蓄势状态。因此，目前城市电动汽车推广应用应创新思维，另辟蹊径，探索新推广模式和新商业模式。

（四）以互联网"共享"思维，创新电动汽车发展

值得关注的是，以物联网和（移动）互联网等新一代信息技术发展为基础的第三次工业革命带来了"共享"的生产方式、消费方式和生活方式，为 EVSS 提供了新思维和新方法。低边际成本、互联互通、协作共享的互联网思维将会给主导人类生产发展的经济模式带来颠覆性的变革，使用权胜过所有权，可持续性的共享取代排他性的消费主义，合作压倒竞争，"交换价值"被"共享价值"取代。电动汽车的应用推广可从思维变革中获得新启发和新动力，通过架构新商业模式和新推广模式，政府、企业、社会和公众连接成一个紧密的整体，共建 EVSS，实现城市交通的低碳转型和管理模式变革。具体而言，电动汽车应用推广需运用新一代信息技术，将电动汽车、动力电池、充换电设施等通过物联网技术、（移动）互联网技术相互连接，构建电动汽车共享系统。在这个系统中，每一个社会组织甚至个体都可以成为共享服务的提供者，生产者和消费者将不再泾渭分明，最终实现低成本的电动汽车共享、动力电池共享、充换电基础设施共享、数据信息共享和技术标准共享。

二、新商业模式：建构电动汽车共享系统

（一）创新"共享"商业模式：激活电动汽车消费需求

中国经济发展已进入"新常态"，产业结构的转型升级促进了新技术、新产品、新业态、新商业模式的大量涌现，尤其是新能源汽车（电动汽车）作为国家战略性新兴产业的新增长点，受到高度关注和支持。但是，由于政策、管理、技术等多重因素的制约，电动汽车应用推广困难重重，公共领域电动汽车推广成效有限，电动汽车进入家庭更是步履维艰。因此，电动汽车的推广应用必须解放思想，以"创新供给激活需求"的新思维，积极探索 EVSS 新商业模式，应用新技术，推广新产品，形成新业态，激活新需求。EVSS 应以"共享"商业模式，创新电动汽车的供给方式，消除消费者和使用者的后顾之忧，直接体验电动汽车的驾驶特点、充换电方式与动力电池性能，随之构建和完善基础设施建设，以"路演"的方式刺激家庭消费，激活潜在需求。许多国家在该领域已进行了多年的研究与实践（表 5.2），专业的电动汽车共享项目 Autolib 正在全球多个国家（如美国、英国）迅速扩张[11]，全球性的汽车共享项目——Car2go① 近年也开始推出电动汽车共享服务[12]。国内许多城市也在探索 EVSS 项目，其中"微公交"项目已发展到上海、长沙和南京等城市。

表 5.2　国内外部分电动汽车共享项目

项目	国别或城市	起运营时间	电动汽车数量 / 辆	充换电站点数量 / 个	注册用户数量 / 个
Autolib	法国 巴黎 / 里昂 / 波尔多	2011 年	2900/130/90	855/51/40	15.5 万
Car2go	全球 9 国 /33 座城市	2008 年	3380	1116	100 万 *
微公交	中国杭州	2013 年	5400	49**	2000***
易卡绿色	中国北京	2013 年	1000	8	5000
EVCARD	中国上海	2015 年	350	50	3000

注：*，Car2go 以传统汽车共享为主，近年推电动汽车共享，100 万指全部注册用户。**，包括容纳 1500 辆纯电动汽车的调度中心 1 座，充换电立体车库租赁站点 18 座（5 座在建），平面站点 30 座（其中高档酒店站点 18 座）。***，仅指长租用户，短租用户无须注册，日均 20~30 人次 / 站点。

---

① 2015 年 1 月，亚洲首个 Car2go 项目落户中国重庆，中文名"即行"。

（二）电动汽车共享：所有权与使用权分离

从历史的角度看，计算机技术和（移动）互联网技术的发展都遵循着"兼容共享"的理念而得到快速普及和推广。电动汽车推广应用也应该遵循"兼容共享"原则，EVSS模式是把电动汽车所有权和使用权剥离，构建一个随时随地可以共享电动汽车使用权的公共平台。随着油价攀升、市区停车困难及交通拥堵问题加剧，越来越多的人选择共享而不是购买汽车[13]。相关调研表明，18~24岁的驾驶者中46%的人表示他们更愿意选择接入互联网，共享和使用汽车，而不是拥有汽车[14]。汽车消费将从排他性的所有权向共享性的使用权转变；汽车厂商将从提供汽车产品向提供汽车服务转变。由于电动汽车整车技术、电池技术、安全性能、充换电基础设施建设仍可能长期处于发展完善的阶段，因此电动汽车消费仍需要一个尝试体验的过程，电动汽车所有权与使用权的分离不仅是电动汽车产业发展的趋势，而且是应用推广的现实需要。不拥有所有权，只拥有使用权的"共享"模式，可减少消费者对整车质量、续航里程、安全性能、充换电设施等方面的诸多顾虑，摆脱对电动汽车的"所有权"依赖；可大幅降低电动汽车的高价消费门槛，将购车费用分摊至分布式使用，使车主免于承担汽车保有费用①，具有较好的社会经济效应[15]；还可加速电动汽车应用推广，促使企业生产规模扩大和市场保有量增长，加快实现商业化和投资回报。

（三）从基础设施共享到技术标准共享

（1）充换电设施共享。充换电设施共享包括网格化的充换电站共享和分布式的充电停车位共享，这既是构建EVSS的目的，又是实现EVSS有效运行的手段。充换电设施共享可以对现有的充换电网络进行有效整合，避免重复建设，实现优化配置；没有固定停车位、可安装充电设施的家庭也可以通过租赁的方式使用电动汽车和充换电设施；家庭电动汽车可依托共享系统，通过充电收费或电池租赁的方式共享充换电设施。

（2）动力电池共享。动力电池是电动汽车的能源供应核心，由于其成本高、

① 在中国保有汽车的月均费用一般介于2000元和3000元之间，保守估计约占每个家庭收入的25%。家庭可支配收入按2013年城镇居民人均可支配收入中位数24200元/年、每户5人计，汽车保养费用按月均2500元计，包括车辆购置费税、违章罚金、事故赔偿等费用、车船使用税、日常维护费（如洗车）、过路过桥费、停车费、上牌费、保险费、常规保养费用以及油费或电费等。

寿命较短、续航有限制、存在一定的安全隐患等问题而成为制约电动汽车发展的主要因素。EVSS通过电池的模块化与标准化，以电池租赁（电池不计价，按电量或里程计费）的方式，实现动力电池的循环共享，集中进行高水准维修维护，达到提高电池使用效率、延长使用寿命、增加续驶里程、降低成本的目的。

（3）数据信息共享。数据信息共享是实现资源优化配置的数据基础。唯有开放兼容共享的数据信息，才有利于人们低成本获取数据信息，并在此基础上进行信息传输、筛选、处理与应用。系统数据信息包括但不局限于以下内容：①电动汽车租赁状态、实时位置、行驶状态和行驶路线等信息；②充换电网络和租赁站点信息；③充电设施的位置数据、监控数据和计量计费数据；④电池使用状态和电量、温度、电压、电流等性能数据。政府、厂商、运营商、用户、终端应用开发人员和家庭电动汽车车主可以基于共享权限获得相应的数据信息。

（4）技术标准共享。技术兼容和标准统一是家庭电动汽车共享充换电设施、构建共享系统开放性的技术基础。计算机、手机等产品标准发展的规律表明，在全球化的背景下，电动汽车充电标准也必将从"多样"走向"集中"，从"封闭"走向"共享"。目前，国内外共存在四个体系和七个大类的具体标准（表5.3），各个标准在充换电方式、电源类型、充电电流、额定电压、接口外观和针脚数量等方面各不相同。电动汽车共享系统将通过技术兼容与标准统一，实现不同技术体系、不同品牌的电动汽车、动力电池和充换电设施的兼容共享。

表5.3 电动汽车四大充电标准体系

标准体系	主导地区	充电方式	电源	最大电流	额定电压	针脚
国际电工委员会（IEC）	欧盟	慢充	交流	16/32A	250V	4/5芯
		快充	直流	63/70A	480V	7芯
美国汽车工程师协会（SAE）	美国	慢充	交流	12/16A	120V	5芯
				80A	240V	7芯
		快充	直流	80/200A	200/500V	7芯
日本电动汽车协会（JEVS）*	日本	快充	直流	125A	500V	10芯
中国国家标准（GB）	中国	慢充	交流	16/32A	250V	7芯
		快充	直流	125/250A	750V	9芯

注："/"用于区分不同的充电方案；*，即CHAdeMO标准。

三、电动汽车共享系统（EVSS）的技术架构

（一）物联网技术支撑 EVSS 系统运行

以物联网和（移动）互联网技术为核心的新一代信息技术，为 EVSS 便捷、智能、高效运行提供了强大的技术支撑，使其成为城市智慧交通的先行者。EVSS 利用无线标识与传感技术，实现电动汽车、动力电池、充换电设施和租赁站点等物理实体进行物品标识和传感数据采集[16]；利用无线通信技术、网关技术、移动通信技术和互联网技术，实现共享系统海量数据的传输与云端汇集；利用云计算技术和大数据技术，实现对海量数据的存储、查询、分类、整合、分析、挖掘，以及基于传感数据决策和行为的技术分析，达成对数据资源的开发利用，对共享系统的智能监控、数据安全保障和低成本高质量解决方案供给及 APP 开发应用，为智能终端应用提供技术支持和平台支撑；最终架构成要素资源配置优化，电动汽车共享、动力电池共享、充换电站共享、充电停车位共享和数据信息共享的 EVSS 技术平台（图 5.1）。

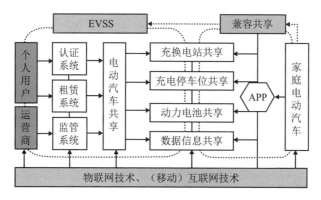

图 5.1 EVSS 技术架构

（二）（移动）互联网技术实现 EVSS 共享服务

通过手机、平板、电脑、车载智能设备等智能终端的监管平台、系统网站或 APP 应用，个人用户、运营商和家庭电动汽车都可获得相应的共享服务，包括注册认证、电动汽车租赁、充换电设施使用或租赁、智能监管和相应的数据信息服务等。

（1）便捷化的认证系统。用户可以通过系统网站、APP 或现场注册，填写专业定制的申请表格，提交认证信息，选择计时、包月、包年等共享形式，成为会员，关联银行卡或第三方支付系统（如支付宝）建立个人账户。便捷化的认证系统可实现一系列智能的自动申请审批和计量收费工作，包括身份信息和驾驶证的审核，会员费的收取，会员卡的制作与寄送，驾驶记录的认证，费用的计量与支付，实时、月度及年度电子账单的生成与发送等。

（2）自助化的租赁系统。系统可为用户提供实时信息查询（包括位置信息、车况信息）、行驶路线导航、车辆租赁、充换电设施使用及预约服务。用户可通过网站、APP、电话、现场办理等多种方式预订电动汽车或充换电设施，并通过 RFID 进行会员卡和预订号（如二维码）识别，通过全球定位系统（global positioning system，GPS）等地理信息系统追踪相关设施的位置，在城市任意地点随时租还电动汽车或使用充换电设施。

（3）智能化的监管系统。监管系统可分为三个方面：电动汽车监管、动力电池监管和充换电设施监管。系统应用传感设备、视频设备、报警设备和远程控制设备等，对相关基础设施进行视频监控、安防监测、车况监测、维护抢修、管理调度和远程控制，是确保电动汽车、动力电池以及充换电设施安全使用的重要保证。通过智能监管终端平台，运营商既可实现高效率的电动汽车调度和充换电设施管理运营，又可实现对相关设施的远程控制，如电动汽车或充电桩的远程锁定与解锁。

（三）EVSS 的兼容与开放

基础设施兼容与系统开放是 EVSS 实现优化资源配置和拓展共享范围的重要条件。基础设施兼容是指通过标准化达成的充换电设施的通用性，以及通过模块化达成的动力电池的共用性；系统开放是指系统保持了租赁共享用户和共享服务提供主体的双重开放性。基于此，家庭电动汽车也可通过"APP 注册认证—建立账户—长期充电（或电池租赁）—实时计费（或按期计费）—线上支付""充换电站直接充换电—单次计费—线下支付""APP 申请授权—充电桩充电—单次计费—线上支付"或"充电储值卡即用即扣"等方式使用共享系统的充换电设施。临时租车用户，也可使用系统 APP 或官方微信等方式进行非会员预订，再由运营商提供授权码完成租赁。共享系统还可构建一种双向会员制度——会员既可以共享租赁服务，又可以提供租赁服务，实现更大范围的"共享"。提供租赁服务的会员可通过与运营商签署共享协议，将电动汽车或充电设施等设备登记到系统中，由运营商统一管理，并基于共享协议获得收益。例如，社区、单位或个人投资建设的充电设施，不仅可满足自我充电需要，而且可有偿为其他人提供充电服务。这不仅提高了充电设施的利用率，而且使投资者降低成本，获取经济收益。这种基于（移动）互联网技术的双向会员制度促成了更为兼容开放的共享系统。从整体上看，所有成员是一个利益共同体；从个体上看，每一个成员都是一个自主经营体[17]。因此，现代信息技术已足够支撑 EVSS 的兼容性与开放性。

四、EVSS 的政策支撑

（一）完善政策，促进 EVSS "共享"商业模式发展

目前而言，EVSS "共享"商业模式发展中，环境效益和社会效益大于经济效益，且在 EVSS 构建初期，存在成本、技术、风险、认知、环境多重制约因素，需要政府给予政策支撑。①稳定补贴政策。早在 2010 年，国家和地方就出台了纯电动汽车补贴政策：中央 6 万元，试点城市（区域）配套补贴一般介于 1∶0.5 与 1∶1 之间。2015 年，补贴标准在 2013 年标准基础上下降了 10%。随着补贴政策的实行，电动汽车市场规模有所拓展，政策效果初步显现，政府在发布下一阶段（2016 年及以后）新能源汽车补贴政策时，应适当放缓标准下降斜率，稳定市场预期，持续刺激消费需求，鼓励共享项目电动汽车购置和规模扩张。②财政补贴按比例向 EVSS 基础设施建设倾斜。电动汽车应用推广，既要追求数量增长，又要注重基础设施建设。电动汽车应用推广财政补贴资金，应规定一定比例，通过示范项目专项补助、设施建设财政补贴、用电价格扶持、配套电网改造费用减免、用地价格优惠等措施，专门用于基础设施建设，加大力度，加快进度。③引导市场微观主体参与 EVSS 建设。构建较宽的市场准入机制，少设置门槛，多增加监管，搭建公平竞争的市场平台，引导国家电网、

汽车厂家、运营商、社会组织或个人以直接或间接、独立或合作的方式提供电动汽车及充换电设施共享服务。鼓励社会资本进入，实现建设主体多元化，防止市场垄断。坚持市场主体决策自主化，构建合理的盈利模式和利益分配机制，将外部效应转化为内部收益，实现共建共享，使建设主体分享汽车使用效率和能源利用效率提高带来的收益，具体可参考能源合同管理的方式，以同类型燃油汽车平均使用成本为基准，进行能源节省费用的核算。④制定电动汽车"共享新政"。通过一系列"微政策"，提升用户体验，如使用 EVSS 电动汽车不受限行（高峰限号、景区限行）政策影响，允许 EVSS 电动汽车行驶 BRT（bus rapid transit，快速公交系统）车道，以体现其"准公共交通"性质，停车免收费或优惠等，可以吸引民众加入共享，推进城市电动汽车普及。

（二）政府主导，强化 EVSS 基础设施顶层设计与规划布局

正如 Autolib 项目运营商博洛雷集团首席执行官文森特·博洛雷（Vincent Bollore）所说："政府的支持至关重要，不然，我们的计划将寸步难行。"在十分拥挤的城市物理空间中，嵌入 EVSS，没有政府主导，任何市场微观主体都是无能为力的，只有"有形的手"与"无形的手"相互配合，才能推进 EVSS 建设。①规划网格化的城市充换电站布点。加强顶层设计，将充换电站及设施建设相关要求纳入城市建设用地及公共设施建设相关法律法规体系。加强规划与论证，以使用便捷、规模适当和因地制宜为原则[18]，通过新建城区提前布局，已建城区充分挖掘，利用地下空间、4S 店、加油站点、大中型公共停车场、高校园区、大型商业综合体停车场、公交总站和火车站等交通枢纽站点，构建边长 5km 左右的网格化的充换电站网络。②传统停车位向充电停车位转向。电动汽车续航里程瓶颈的存在，导致其应用推广必然需要对传统停车位进行充电桩建设改造，可利用城市道路停车位、小型停车场、社区空地、企业和公共部门大院、公交站点、公共自行车站点、居民车库以及零散的城市公共空地，构建分布式的充电停车位和充电桩网络。③引导电动汽车 4S 店合理布局。4S 店是承担电动汽车展示销售、维护维修的主要部门，在电动汽车的宣传普及、便捷使用方面承担着重要功能，政府应引导电动汽车 4S 店合理规划布局，为生产商或经销商提升维修维护能力提供相应政策支持，建立健全维修维护等服务保障体系。④加

强电动汽车相关人才培养。构建人才培养体系，鼓励通过产学研合作、本科院校专业培养、高职院校职业教育与订单班培养、厂家联合培训等方式，加强在电动汽车生产及技术研发、共享系统商业化运作和电动汽车、动力电池及基础设施维修维护等三个领域的人才培养。

（三）推进标准化，实现 EVSS 基础设施开放兼容共享

推进城市电动汽车发展的标准化，是构建 EVSS 共享系统的重要任务，需要政府引导和政策推动。标准化主要涉及充换电标准和动力电池标准两个方面。目前充换电基础设施建设单位有国家电网、汽车租赁运营商、国内外汽车生产商，涉及公交车、出租车、公共部门用车、租赁用车和私家车等多个领域，各个领域的充换电网络相对独立，标准不一，通信协议不一，设备不兼容，数据不共享。动力电池的模块化和标准化问题也同样严重。动力电池通常是一个车型一个型号，不仅电池模块规格不一，而且电池包的尺寸、形状、电压、接头、包装材质都不一致，不利于电池的更换、维修、二次利用和回收处理，更无法替换通用。因此，标准化应注意以下四个方面：①标准制定主体的公共性。电动汽车及基础设施相关标准的制定应以维护公共利益、实现兼容共享为目标。因此，标准制定主体应保持开放，政府部门应主导标准制定，科研机构、厂家、运营商、行业协会、环保等社会组织都应该在标准制定中占据一席之位，还应通过公开征集意见建议、公示等方式吸纳普通民众参与。②标准体系内容的开放性。电动汽车相关标准体系是一个复杂系统，涵盖的领域广泛，一时难以穷尽，应在实践中不断增加、修订和完善，如充换电标准化除了硬件设施和软件程序的标准化外，还应将充换电作业内容清晰化、步骤程序化、分工科学化以及通信协议统一化作为重要内容。电池标准应同时设立动力电池模块标准和动力电池包标准，分别设置若干种标准型号，实现兼容通用。③标准实施的强制性和全面性。新建基础设施标准化建设的强制要求和已有基础设施标准化改造的鼓励推进应同步进行，对已经投入使用的充换电站、充电停车位（库）等尽可能地按标准进行技术改造。④国家标准的国际化。基于国际竞争的预期和产业长远发展的需要，在制定国家标准时，要加强与相关国际标准的衔接，并与国际电工委员会、美国汽车工程师协会（Society of Automotive Engineers，SAE）

等加强沟通，积极介入国际标准制定，将国家标准向相关国际标准进行推荐，施加积极影响。

（四）EVSS"路演"，推动电动汽车进入家庭

目前，由于电动汽车受到使用不方便、充电不便捷、技术不稳定、设施不完善和政策不明确等因素制约，导致消费需求缺乏内生动力，电动汽车进入家庭步履维艰。因此，从某种意义上讲，构建 EVSS 是电动汽车进家庭的前哨站和"路演"，值得社会各方的通力合作。构建 EVSS 不仅具有近期的社会效益，而且具备远期的环境效益和经济效益。① EVSS "共建共享"契合多方利益。对政府而言，电动汽车应用推广有助于减少传统机动车尾气排放，治理城市雾霾，改善城市空气质量。同时，EVSS 能缓解城市交通拥堵、停车难等诸多城市病，使社会公众低碳便捷出行成为可能。对市场而言，城市 EVSS 发展，能推进新能源汽车作为战略性新兴产业的规模化发展；培育 EVSS 运营商，形成充换电基础设施建设、电动汽车 4S 店维修维护体系搭建，以及基于物联网和（移动）互联网技术的 EVSS 智慧共享信息系统建构等新业态、新行业、新模式，形成城市发展的新经济增长点。② EVSS 基础设施建设解决电动汽车进入家庭后的瓶颈。通过政府主导、多方参与的顶层设计、合理规划与科学布局，全面推进 EVSS 充换电基础设施建设，构建充换电网络，消费者可以便捷地使用电动汽车及充换电设施，为电动汽车的进一步大规模应用推广、进入家庭打下坚实基础。③ EVSS "路演"促进电动汽车技术成熟。比起汽车厂商一次性的长距离"路试"，EVSS 的"路演"更符合消费者的驾驶习惯和城市道路行驶的现实状况。通过电动汽车大规模的租赁共享，短时期内的高频率、长里程行驶，科技研发部门和汽车厂商得以在实际行驶中发现技术问题，解决技术问题，检验实验室中的技术改进和技术革新，在更短的时间内促进电动汽车技术和安全性能的发展，提升性价比，尽快地满足消费者的接受心理、驾驶需求和使用经济性。④ EVSS "路演"为电动汽车潜在购买者提供切身体验。通过在 EVSS 中的尝试体验，用户将逐步习惯、适应和接受电动汽车，最终将潜在的消费需求、节能需求和环保意识外化为实际购买行为。电动汽车大规模进入家庭，必将在不久的将来成为现实。

参考文献

[1] 王伟光，郑国光. 应对气候变化报告（2013）：聚焦低碳城镇化 [M]. 北京：社会科学文献出版社. 2013: 242.

[2] Gao Y, Ou X M. Interpretation of IPCC AR6 report: Transportation carbon emissions reduction pathways strengthening technology and management innovation [J]. Climate Change Research, 2022, 18 (5).

[3] IPCC. Climate change 2014: Impact, adaptation, and vulnerability [M/OL].Cambridge: Cambridge University Press, 2014 [2014-05-06]. http://www.ipcc.ch/report/ar5/wg2/.

[4] 王贺礼，谢运生，罗成龙，等. 交通运输业温室气体排放现状及减排对策 [J]. 能源研究与管理，2011(3): 9-11.

[5] 鲍健强，叶瑞克. 汽车制造的"低碳革命" [J]. 浙江经济，2010(6): 36-37.

[6] 叶瑞克，欧万彬，吕琛荣，等. 基于经济技术分析的电动汽车商业化模式研究 [J]. 未来与发展，2010，33(11): 31-35.

[7] Ren. Renewables 2014: Global status report[J]. Environmental Policy Collection, 2014: 12-13.

[8] Masoum A S, Deilami S, Moses P S. Smart load managuement of plug-in electric vehicles in distribution and loss minimization considering voltage regulation[J]. IET Generation, Transmission & Distribution, 2011(8): 877-888.

[9] Beck L J. V2G-101: A Text about Vehicle-to-Grid, the Technology Which Enables a Future of Clean and Efficient Electric-Powered Transportation[M]. United States: BookSurge Publishing, 2009: 34-36.

[10] Sandalaw D B. Plug-in Electric Vehicles: What Role for Washington[M]. Washington D.C.: Brookings Institution, 2009: 34.

[11] 里夫金. 第三次工业革命 [M]. 北京：中信出版社，2012: 32，56.

[12] Autolib, History, Autolib beyond Paris[EB/OL]. http://en.wikipedia.org/wiki/Autolib, 2015.

[13] Car2go, Carfind[EB/OL]. https://www.car2go.com/en/seattle/, 2015.

[14] Shaheen S A, Cohen A P, Chung M S. North American Carsharing: 10 Year Retrospective[C]. Washington DC: Transportation Research Record, 2009: 35-44.

[15] 里夫金. 零边际成本社会 [M]. 北京：中信出版社，2014: 234.

[16] Shaheen S. Electric vehicle carsharing in a senior adult community in the San Francisco Bay area[J]. Transportation Research Board, 2013: 24-33.

[17] 叶瑞克，陈秀妙，朱方思宇，等. "电动汽车—车联网"商业模式研究 [J]. 北京理工大学学报（社会科学版），2012 (6): 39-45.

[18] 平克 . 驱动力 [M]. 北京 : 中国人民大学出版社，2012: 56.

[19] Zhou J P, Schweitzer L. Getting drivers to switch: Transitprice and service quality[J]. Journal of Urban Planning and Development, 2011(13): 474−483.

第三篇

评估评价篇

自 2010 年国家公布第一批试点城市以来，新能源汽车推广应用已经历了两个完整的五年规划期。一方面，新能源汽车推广的成效如何？是否存在空间溢出效应？环保压力等因素是否会影响政府政策支持与新能源汽车推广？相关因素是否存在着空间上的关联性？如何通过合理的制度设计和政策工具选择，实现从"补贴推动"到"内源驱动"的转型升级？另一方面，"车企骗补"和巨大的"财政投入"客观上要求对试点城市的推广工作及其成效进行总结和评估，分析相关城市公共政策和相关举措的成败得失，并能有所借鉴，有所创新，有所推进。

　　此外，近年来农村新能源汽车的推广应用逐渐受到重视。2020 年，7 月 15 日，工业和信息化部办公厅、农业农村部办公厅、商务部办公厅联合发布关于开展新能源汽车下乡活动的通知，旨在深入推广宣传新能源汽车，激发农村居民购买力，挖掘农村市场潜力，进一步打开新能源汽车市场。同年 7 月 18 日，中国电动汽车百人会在线召开第一届"汽车市场与消费论坛"，聚焦"中小城市与农村地区电动化发展"主题，会议同期发布了《中国农村地区电动汽车出行研究》。农村有着与城市不一样的驾驶环境，农民对新能源汽车有着不一样的功能需求和购买心理，值得进一步研究。

　　本篇共三章，分别对省域扩散的空间机理、城市试点的比较评估和农村推广的因素分析三个方面展开讨论。

第六章
省域扩散的空间机理

　　随着全球人口增加与经济发展，各国都面临着严峻的能源问题和环境挑战，汽车作为温室气体排放的第二大产业，也面临着转型升级的压力，发展新能源汽车成为低碳经济的必然选择，其重要性、紧迫性不言而喻。自 2009 年我国第一次设立试点城市以来，国家相关部门先后出台大量政策促进新能源汽车的推广应用。2018 年，国务院发布《打赢蓝天保卫战三年行动计划》[①]，要求各省、自治区、直辖市调整能源结构，扩大新能源汽车等清洁能源交通工具的应用范围，使新能源汽车的推广进程步入一个新阶段。在政府强有力的政策支持下，我国新能源汽车市场正在快速扩张，中国汽车工业协会最新统计显示，我国新能源汽车保有量已至少持续 3 年约占全球新能源汽车总量的 50%[1]。目前，我国政策也由前期的补贴时期转向取消补贴的"后补贴时代"。在补贴退坡不可逆转的趋势下，如何在新的政策环境中进一步推动新能源汽车的推广？新能源汽车推广是否存在空间溢出效应？环保压力是否会影响政府支持与新能源汽车推广？新能源汽车推广的相关影响因素是否存在着空间上的关联性？这些问题亟待我们思考与探究。

表 6.1　新能源汽车推广相关重要政策

发布时间	政策	颁布机构
2009-01-23	《关于开展节能与新能源汽车示范推广试点工作的通知》	财政部、科技部
2014-07-14	《关于加快新能源汽车推广应用的指导意见》	国务院办公厅
2016-02-17	《关于促进绿色消费的指导意见的通知》	国家发展改革委、中宣部、科技部等

---

① 《打赢蓝天保卫战三年行动计划》于 2018 年 7 月 3 日由国务院公开发布。2021 年 2 月 25 日，生态环境部举行例行新闻发布，宣布《打赢蓝天保卫战三年行动计划》圆满收官。

续表

发布时间	政策	颁布机构
2018-02-12	《关于调整完善新能源汽车推广应用财政补贴政策的通知》	财政部、工业和信息化部、科技部、发展改革委
2017-09-27	《乘用车企业平均燃料消耗量与新能源汽车积分并行管理办法》	工业和信息化部、财政部、商务部
2020-10-20	《关于印发新能源汽车产业发展规划（2021—2035年）的通知》	国务院办公厅
2020-12-31	《关于进一步完善新能源汽车推广应用财政补贴政策的通知》	财政部、工业和信息化部、科技部、发展改革委

一、国内外研究现状

（一）政策支持与新能源汽车推广

总结全球新能源汽车推广相关经验可知，政府政策对于电动汽车的发展至关重要，发展电动汽车需要充分发挥政府的主导作用[2]。国内外关于政策支持与新能源汽车推广的研究主要集中在财政补贴上，少数涉及交通优惠和推广领域。主要包括以下三种观点。

1. 前期财政补贴发挥强力作用，后期作用降低

李国栋等[3]人通过实证数据发现推广政策强度与城市新能源汽车销量占比呈显著正相关关系。马少超和范英[4]发现新能源汽车推广的各项政策都与新能源汽车销售市场份额呈长期正向协整关系，其中补贴政策每阶段的调整对市场的推动作用是显著递增的，政策效果在不断地调整和适应中获得了提升。赵骅等[5]人通过比较不同补贴模式发现市场补贴是新能源汽车前期推广的高效策略。财政补贴对新能源汽车的推广起着至关重要的作用，专家学者在这一点上均给予了一致的肯定。

2016年，中央和地方开始逐步实施补贴退坡机制，一部分学者认为财政补贴对于新能源汽车推广仍起着重要作用。袁博[6]认为自政策公布之后，国内新能源汽车销量增长明显放缓，新能源汽车产业正式进入后补贴时代，并已经在产销量下滑、企业兼并重组加剧等方面逐步显现出来[7]。马亮等[8]发现补贴政策能够促进新能源汽车的生产，应该综合考虑"退坡"比例受多种因素的影响，

购置补贴的力度应因地制宜，在削减补贴时应循序渐进，不可操之过急[9]。另一部分学者则认为财政补贴对现阶段新能源汽车推广并没有太大影响。唐葆君[10]从主要城市的销量表现进行分析，认为生产端补贴政策趋紧并没有给市场造成过多影响，我国的新能源汽车市场已表现出明显的市场驱动特征。李创等[11]从消费者视角出发，发现补贴政策对消费者购买新能源汽车的影响最低，购车政策退坡后新能源汽车销量大幅下滑的局面不太可能发生。学者都一定程度上认为财政补贴的作用在下降，但是对于补贴是否应该完全退出存在争议。

2. 交通优惠的补充作用

路权管制政策包括高乘载车道通道激励、车辆限行、车辆限购、专用车道使用权等。一些学者认为实施成本较低的车辆限行、车辆限购等路权管制政策，能够在使用环节提高燃油汽车的使用成本[12]，进而扭转新能源汽车在市场竞争中的价格劣势，显著提高消费者对新能源汽车的购买意愿[13]。李晓敏等[14]基于2010—2017年我国20个省份新能源汽车销量的面板数据研究发现，车辆限行限购政策对增加新能源汽车市场份额起到了正向的促进作用。车辆限行、车辆限购等路权管制政策提高了新能源汽车使用便利性，被视为货币补贴政策的重要补充接替手段。

3. 推广领域的加速作用

通过在推广领域加大政府采购力度、设置硬性采购指标等措施支持相关产品，是中国政府推广政策的惯用做法。熊勇清等[15]认为"政府采购"相较于"财政补贴"更为有效，"政府采购"应作为现阶段新能源汽车产业政策实施的重点。廖家勤等[16]认为政府采购是具有政策功能的直接消费行为，有着消费示范作用，可以促进消费市场。要完善政府采购制度，鼓励政府机关及公共机构探索更加灵活的采购模式，如租赁、车辆共享以及按揭购买等，并给予相应的政策支持[15]。政府采购政策可以创造和引导市场需求、传播新能源汽车知识和信息，对于新能源汽车推广起着重要的加速作用。

（二）环保压力与新能源汽车推广

中央高度重视地方政府的环境治理绩效，并倡导地方政府以新能源汽车推广作为环境治理的手段之一，但地方政府各自的节能减排禀赋不同[17]，应当因地制宜。其中，财政部等五部门《关于"十三五"新能源汽车充电基础设施奖励政策及加强新能源汽车推广应用的通知》（财建〔2016〕7号）将省份按照污染情况进行了划分，并分别设置不同的推广任务来督促地方政府实现环境治理目标（表6.2）。交通运输行业是温室气体排放和空气污染物的主要贡献部门，不同省份自身的空气质量有着明显差异，地方政府若要实现社会福利的提升与环境质量的提高，就需要推广新能源汽车[18]，故环保压力的大小会直接影响地方政府对新能源汽车推广的支持力度[19]。通过上级指令及自身治理目标的内化，环保压力成为地方政府推广新能源汽车的重要动机[20]。

表 6.2　财政部文件对各省份新能源汽车推广任务的要求

对象级别	省份	推广任务（2016—2020 年）
大气污染治理重点区域和重点省区市	北京、上海、天津、河北、山西、江苏、浙江、山东、广东、海南	数量分别不低于 3.0 万辆、3.5 万辆、4.3 万辆、5.5 万辆、7 万辆；推广比例不低于 2%、3%、4%、5%、6%
中部省份和福建	安徽、江西、河南、湖北、湖南、福建	数量分别不低于 1.8 万辆、2.2 万辆、2.8 万辆、3.8 万辆、5.0 万辆；推广比例不低于 1.5%、2%、3%、4%、5%
其他	黑龙江、辽宁、吉林、陕西、四川、云南、贵州、青海、甘肃、内蒙古、宁夏、新疆、西藏、广西、重庆	数量分别不低于 1.0 万辆、1.2 万辆、1.5 万辆、2.0 万辆、3.0 万辆，推广比例不低于 1%、1.5%、2%、2.5%、3%

（三）政策支持、环保压力与新能源汽车推广

鲜有研究政策支持、环保压力与新能源汽车推广三者关系的文献。张学睦、王希宁[21]通过运用消费价值理论，将生态标签作为前因变量，将环境价值等变量作为中介变量，发现环境价值在生态标签与消费者绿色产品购买意愿之间具有部分中介作用。环保压力在一些绿色产品推广中起到的调节作用逐渐被学者重视，李稚等[22]将环保压力与交通管制因素同时纳入新能源汽车购买行为模型指标体系，研究发现环保压力通过感知价值和购买动机对新能源汽车购买意愿起着正向的间接影响作用。新能源汽车相关领域对政策支持的促进效应研究较多，对环保压力等调节作用的相关研究却较少，研究也主要聚焦消费者视角环保意识、环境意识等对于购买新能源汽车的影响，缺乏政府视角环保压力对其

推广新能源汽车的影响。

综观国内外文献，尽管已有研究在相关领域得出了较为丰富的结论，并为在补贴退坡的趋势下为促进新能源汽车的推广奠定了良好的基础，但仍有一系列问题亟待进一步研究。①从现有研究成果看，有大量研究论证了财政补贴和新能源汽车推广的相关性和驱动作用，但是缺乏跨时间维度的实证研究来论证两者在"后补贴时代"是否相关。②新能源汽车推广的相关领域注重中央与城市级别的经验分析，而对城市区域之间空间效应的研究尚处于初级阶段，亟待深入挖掘。③关于环保压力对新能源汽车推广的研究局限于对其意义的描述，缺乏两者之间通过政府政策支持推动的作用机制分析。④关于政策支持、环保压力与新能源汽车推广三者关系的研究还存有大量空缺，对于环保压力的调节作用仅停留于消费者视角的探索，缺乏环保压力对政府推广新能源汽车的影响机制分析。

综上所述，本研究运用 Stata 15.0 软件，基于中国 31 省份 2016—2019 年政策支持、环保压力与新能源汽车推广相关数据，通过建立空间杜宾模型，分析政策支持、环保压力与新能源汽车推广三者间的空间相关性，考察环保压力对政策支持促进新能源汽车推广的中介效应，通过偏微分方法分解空间溢出效应，计算出直接效应、间接效应及其与环保压力的协同效应，以准确诠释环保压力对政策支持的影响，对于更好地发挥政策支持促进效应，引导政府合理制定相关政策，进一步推动新能源汽车推广具有重要意义。

二、研究设计

（一）变量选取与数据

本节选取 31 个省份 2016—2019 年的数据，选择新能源汽车推广水平作为被解释变量；财政补贴、交通优惠和推广领域作为解释变量；控制变量为基础设施、消费水平、产业水平、市场水平；调节变量为环保压力。各个指标的数据来源于各省区市统计年鉴、政府部门网站以及气象监测网等。变量的具体含义和取值见表 6.3。

（1）被解释变量：新能源汽车推广水平。每年新能源汽车销量情况是新能源汽车推广效果的直接体现，在数据分析中对新能源汽车销量进行指数化处理。

（2）解释变量：财政补贴、交通优惠和推广领域。地方政府所制订的新能源汽车推广方案主要包含三个方面：①财政补贴，即对购买新能源汽车的消费者基于购置补贴，过往研究一般选取对不同车型的补贴额进行计量[24]，但各省区市的补贴标准对不同车型的补贴划分各有不同，因此本研究设计选取更具可比性的省区市级补贴与中央补贴的比例作为指标；②交通优惠，即在一些限行限购实施的省区市，针对新能源汽车出台不限行、不限购等交通优惠政策，一般选取虚拟变量来表征地方政府是否给予新能源汽车相关的交通优惠政策[25]；③推广领域，即各省区市均会在新能源汽车推广方案中提到在公交、环卫等领域大力推广，本研究选取其中的领域数作为表征指标。

（3）控制变量：基础设施、消费水平、产业水平和市场水平。基础设施是影响新能源汽车使用便利性的最直接因素，本研究选取每万人充电桩保有量，即每万人拥有的充电桩数量作为控制变量[26]。年人均消费支出反映了消费水平，年人均消费支出越高，则该省区市人均经济实力越强，越具有购买新能源汽车的经济基础。选取 A 股上市汽车企业数量来衡量地区的产业实力。人均汽车保有量即每人拥有的汽车数量，可评估市场水平，衡量新能源汽车推广的潜力。

（4）调节变量：环保压力。环保压力在过往研究中一般以空气质量未达到良的天数衡量[27]，本研究采用的是跨年度研究，因此采取空气质量未达到良的月数来衡量。新能源汽车作为一种使用清洁能源的汽车，对环境较为友好，也是各省份环境治理的重要手段，因此选择其作为调节变量，认为在一些环保压力较大的地方，政策支持会发挥出更好的促进效果。

表 6.3 变量含义及符号说明

变量类型	变量名称	符号	变量描述	数据来源
被解释变量	新能源汽车推广水平	lnnev	每年各省区市新能源汽车总销量（取对数）	数觉汽车数据服务平台
解释变量	财政补贴	subsidy	新能源汽车购置补贴与中央补贴的比例	各省区市新能源汽车政策文件
	交通优惠	transport	是否对传统燃油汽车实行了限行限购的政策	各省区市交通部门官网
	推广领域	support	新能源汽车推广涉及的领域	各省区市新能源汽车政策文件

变量类型	变量名称	符号	变量描述	数据来源
控制变量	基础设施	chargepile	每万人拥有的充电桩数量	充电基础设施促进联盟
	消费水平	consume	年人均消费支出	统计年鉴
	产业水平	company	A股上市汽车企业数量	中商产业研究院
	市场水平	car	各省区市人均汽车保有量	统计年鉴
调节变量	环保压力	ep	各省区市每年空气质量未达良的月数	气象监测网

（二）模型构建

1. 空间效应理论基础

本研究设定新能源汽车推广具有空间效应主要基于以下分析。

（1）新能源汽车作为一种交通工具，具有流通性，且不仅是省域内流通的工具，更是省域间流通的重要工具。对于新能源汽车推广的对象来说，新能源汽车作为一种交通工具，其首要功能是代步。一个省份的新能源汽车推广水平较高，代表其市场能力、交通基础设施等都较为完善，在与邻近省份地理上和经济上的交换过程中，会通过交通工具互通、交通成本降低、资源共享等方式自然形成外溢效果[28]。对于消费者而言，邻近省份的相关设施建设完善会降低其新能源汽车的使用成本，从而促进邻近省份的新能源汽车推广。

（2）新能源汽车的推广具有优化能源结构、降低环境污染等功能，是其具有正外部性的重要特征。新能源汽车的使用可以减少燃油带来的空气污染，加之其噪声小，可以在一定程度上改善空气质量、提高生活环境质量。未来要调整能源结构，减少过去传统煤炭、汽油等的利用，加大风能、太阳能等清洁能源的利用，新能源汽车推广也是未来能源结构调整的重要布局之一[29]。但购买新能源汽车带来的个人利益远小于社会利益，这导致新能源汽车购买意愿较低[30]，正是新能源汽车本身所具有以上外部性的显著性特征，使政府需要对新能源汽车的发展和推广加以干预和支持。新能源汽车推广本身具有外部性，当外部性通过地理和经济活动蔓延，就会对邻近省份产生空间溢出效应。

（3）与此同时，新能源汽车产业的快速发展可以吸引产业资本要素在一定空间范围内不断汇聚，形成产业集聚。对上下游企业而言，可以降低搜索原料产品的成本和交易费用，使产品生产成本显著降低[31]。对于集群内企业而言，提高协作效率与谈判能力、提供充足的就业机会和发展机会，对外地相关人才会产生磁场效应。产业、基础设施、生产要素的聚集，将使新能源汽车推广水平呈现出空间聚集效应。

基于此，本研究利用空间因素建立模型，探究 31 个省份政策支持、环保压力与新能源汽车推广间存在的空间关联性，场域如何互相影响的空间动态性特征。

2. 距离与经济组合空间矩阵

以往的空间距离矩阵仅表示简单的地理关系，而新能源汽车的推广作为一种经济和行政相混合的行为，必然会受到地区的经济发展水平的影响。另外，以往的地理位置空间权重矩阵是静态的矩阵构建，反映的情况不够全面，本研究引入了经济变量，使空间权重矩阵更加完善、客观。

$$\overline{y_i} = \frac{1}{t_1 - t_0 + 1} \sum_{t=t_0}^{t_1} y_{it} \tag{6.1}$$

$$\overline{y} = \frac{1}{n(t_1 - t_0 + 1)} \sum_{i=1}^{n} \sum_{t=t_0}^{t_1} y_{it} \tag{6.2}$$

$$w_c = w_d \times \mathrm{diag}\left(\frac{\overline{y_1}}{\overline{y}}, \frac{\overline{y_2}}{\overline{y}}, \ldots, \frac{\overline{y_n}}{\overline{y}}\right) \tag{6.3}$$

其中，式（6.3）为距离与经济空间矩阵的计算公式，w_d 代表空间单位 i 与 j 的地理距离。$\overline{y_i}$ 代表考察期内地区 i 经济发展的平均水平，$\overline{y}$ 代表考察期内所有地区经济发展的平均水平。

3. 空间杜宾模型

空间杜宾模型（SDM）与空间自回归模型（AR）、空间误差模型（SEM）相比，是一种更为广义的空间计量模型，其既考虑了因变量的空间相关性，又考虑了自变量的空间相关性。因此，本研究选择空间杜宾模型，以便更好地反映新能源汽车推广的相关情况。SDM 设定如下：

$$\begin{aligned}\mathrm{lnnev}_{it} = &\alpha_0 + \rho W \mathrm{lnnev}_{it} + \alpha_1 \mathrm{EV}_{it} + \alpha_2 \mathrm{Mod}_{it} + \alpha_3 \mathrm{Contr}_{it} + \alpha_4 W \mathrm{EV}_{it} \\ &+ \alpha_5 W \mathrm{Mod}_{it} + \alpha_6 W \mathrm{Contr}_{it} + \mu_i + \varepsilon_{it}\end{aligned} \tag{6.4}$$

式中，lnnev 代表各省份新能源汽车销量，EV 代表解释变量政策支持，Mod 代表调节变量环保压力，Contr 代表控制变量，W 代表创建的距离与空间组合矩阵，i 与 t 分别表示各省份编号和年份，μ_i 表示个体效应，ε_{it} 表示随机干扰项。

为考察环保压力对政策支持促进新能源汽车推广的中介效应，本研究在式（6.4）的基础上引入解释变量与调节变量的交互项 $ep*Mod$，反映政策支持在不同环境下对新能源汽车推广所产生的影响效果，生成下式：

$$\text{lnnev}_{it} = \beta_0 + \rho W \text{lnnev}_{it} + \beta_1 \text{EV}_{it} + \beta_2 \text{Mod}_{it} + \beta_3 \text{EV}_{it} * \text{Mod}_{it} + \beta_4 \text{Contr}_{it}$$
$$+ \beta_5 W \text{EV}_{it} + \beta_6 W \text{Mod}_{it} + \beta_7 W \text{EV}_{it} * \text{Mod}_{it} + \beta_8 W \text{Contr}_{it} + \mu_i + \epsilon_{it} \quad (6.5)$$

如果模型回归结果显示交互项为正向显著性相关，则表明环保压力对政策支持促进新能源汽车推广产生了正向的调节效应；如果交互项回归结果不显著或结果为负数，则说明环保压力对政策支持促进新能源汽车推广无影响，政策支持直接推动新能源汽车的推广。

4. 直接效应和间接效应

空间面板模型中各因变量 X 的回归系数并不能准确诠释 X 对 Y 的边际效应，需要通过偏微分方法分解空间溢出效应，即直接效应、间接效应和总效应，以便更好地诠释自变量对因变量的影响。

$$\left[\frac{\partial Y}{\partial X_{1k}} \frac{\partial Y}{\partial X_{2k}} \cdots \frac{\partial Y}{\partial X_{nk}} \right] = (1 - \rho W)^{-1} (\beta_k I_n + \eta_k W) \quad (6.6)$$

式中，直接效应为上述偏微分矩阵中对角线上元素的平均值，代表了各变量对本地新能源汽车推广水平的影响；间接效应为偏微分矩阵中非对角线元素的平均值，代表了各变量对相邻省区市新能源汽车推广水平的影响。

三、实证检验与结果分析

（一）空间相关性检验

实证检验空间计量模型的第一步要求检验各变量间是否存在空间相关性。本研究利用 Stata 15.0 软件，对 2016—2019 年各省区市新能源汽车推广（lnnev）、财政补贴（subsidy）、交通优惠（transport）、推广领域（support）等变量进行空间相关性检验。空间权重矩阵采用经济距离空间权重矩阵，这种矩阵构建的优势主要体现在两个方面：一方面将经济维度纳入空间权重矩阵构建，空间矩阵相较地理位置矩阵更具动态性，使得权重矩阵构建更为客观、标准；另一方面新能源汽车作为一个新兴产业，需要一定的经济实力支持，因此其发展与经济也有一定的相关性，将经济信息纳入空间权重矩阵不仅不会割裂省份之间的地理关系，而且会完善其本身的"邻近"定义。对新能源汽车推广水平进行全局莫兰指数（Moran's I）演算，获得如表 6.4 所示结果。

表 6.4 2016—2019 年中国 31 个省份新能源汽车推广水平莫兰指数

年份	I	$E(I)$	sd(I)	z 值	P 值
2016	0.384	−0.033	0.139	2.996	0.003
2017	0.562	−0.033	0.139	4.285	0.000
2018	0.499	−0.033	0.139	3.818	0.000
2019	0.507	−0.033	0.137	3.945	0.000

由表 6.4 可知，2016—2019 年中国 31 个省份的新能源汽车推广、政策支持与环保压力的全局莫兰指数均大于 0.2，且呈现显著水平，z 值均大于 1.96，说明新能源汽车推广、政策支持与环保压力在全域范围内存在显著正向空间相关性，且具有空间集聚特征，对周边具有显著的空间溢出效应。因此，应考虑空间因素，进一步探讨政策支持、环保压力对新能源汽车推广的影响效应。其中，2017 年的空间效应最强，2016 年空间效应最弱。说明在补贴退坡背景初期，市场反应激烈，新能源汽车推广水平在短期内迅速下降。在 2017 年之后趋于稳定，莫兰指数稳定在 0.5 左右，新能源汽车推广水平的空间溢出效应保持在一个稳定的状态，市场趋于稳定。

（二）变量描述性分析

1. 中国 31 个省份新能源汽车推广水平

如表 6.5 所示，本研究变量的观测值为 124，变量描述性统计结果见表 6.5。其中，新能源汽车推广最大值、最小值和标准差分别为 12.137、1.099、2.054，说明各省份间的新能源汽车推广水平之间还存在着较大的差异，出现了推广断层。其中充电桩数量的最大值、最小值和标准差分别为 27.419、0.017、4.283，上市 A 股汽车行业企业数量标准差为 7.051，说明各省份的基础设施建设和产业实力尚存在较大的差距,这与地方的产业结构和经济情况差异有关。

在环保压力方面,各省份的环保压力差距较小,说明目前我国环境治理体现出了一定的成效。在政策支持方面,推广领域的最大值、最小值、标准差分别为9、2、1.818,各省份推广领域间的差异来源于各省份具体的推广情况,在一些省份,公共领域的推广是其主要的推广路径,而另一些省份则主要依靠市场的力量推动新能源汽车的推广。各省份间的财政补贴最大值、最小值和标准差分别为1、0.08、0.268,说明各省份严格执行了中央的补贴退坡标准,各省份一致降低了对新能源汽车的购置补贴,促进产业健康发展。

表6.5　各变量描述性统计分析结果

变量	Obs	均值	标准差	最小值	最大值
consume	124	6.27594	0.9175021	3.623807	9.862283
car	124	0.175	0.204	0.087	2.378
company	124	5.226	7.051	0	35
chargepile	124	2.392	4.283	0.017	27.419
ep	124	1.798	2.295	0	8
subsidy	124	0.526	0.268	0.08	1
transport	124	0.484	0.502	0	1
support	124	5.863	1.818	2	9
lnnev	124	8.815	2.054	1.099	12.137

2. 中国31省份新能源汽车推广水平区域分布变化特征

在对新能源汽车推广水平(新能源汽车销量取对数)进行整理后,得到2016—2019年中国31省份新能源汽车推广水平的区域分布特征如下。

(1)自2016—2019年,中国新能源汽车推广水平显著提升,这得益于前期产业扶持政策的发展,也离不开各省份基础资源的完善。其中,新能源汽车推广的配套设施和优惠政策是其得以快速扩张的重要推力。华中和华东地区得益于充电桩产业的合理规划和快速布局,大大提升了新能源汽车使用的便利性,促进了市场需求,快速扩大了推广规模。

(2)中国新能源汽车推广水平在空间上形成了五大区域:①以北京为首的京津冀区域,得益于北京的示范作用,带动了周围省份的新能源汽车推广水平;②华中地区,主要有湖北省、湖南省等省份,各省间的推广水平相当,通过彼此间相互促进从而提升推广水平；③以广东省为代表的华南地区，得益于其优厚的气候条件，新能源汽车推广规模在短期内迅速扩大；④经济实力较强的江浙沪区域，成为新能源汽车推广的重点区域；⑤以新疆、西藏、宁夏等为代表的经济欠发达区域，由于产业基础不够，新能源汽车的推广进程较为缓慢。

（3）区域差异较为明显。华中、华南、华东地区的发展较快，这不仅得益于其较高的经济发展水平和优厚的环境条件，而且取决于其地方政府前期的基础设施建设，这些地区的充电桩建设遥遥领先于其他省份，使得消费者在使用新能源汽车时更为便捷，大力激发了市场潜能，这是其能在补贴退坡背景下仍快速扩张的重要原因。而华北地区由于本身环保压力较大，且气候条件稍微落后于其他地区，多采用较高的补贴来拉动市场，在补贴退坡的背景下，规模扩张的速度迅速减慢。而西藏、新疆等区域，虽然是未来新能源开发的重要区域，但是忽视了新能源汽车的产业布局，发展最为缓慢。

（三）空间计量模型估计结果

1. 空间面板数据模型选择与设定

空间面板数据模型的选择通常有三种：空间滞后模型（SAR）、空间误差模型（SEM）和空间杜宾模型（SDM）。进行模型参数估计前，需要对 SDM、SAR 和 SEM 进行比较选择，一般先由 LM 检验 SAR、SEM、SDM，判断哪种模型更为合适。本研究基于 Moon（2007）的 LR 检验[32]（如表 6.6 所示），该检验存在两个假设前提，LR 检验的原假设是 SDM 会退化为 SEM 或 SAR。如果 P 值在 10% 或其以下显著性水平上拒绝了原假设，则说明应该采用 SDM。经过检验，P 值均小于 0.01，为显著性结果，均拒绝原假设。说明本研究应当选用 SDM，且并不会退化为 SEM 和 SAR。

表 6.6　LR 检验结果

假设	LR	P 值
sar nested in sdm	28.87	0.0003★★
sem nested in sdm	35.89	0.0073★★

2. 空间杜宾模型（SDM）回归结果

对空间面板数据进行 Husman 检验，检验结果为正，说明应选用固定效应模型。使用极大似然值对式（6.4）和（6.5）进行估计，结果如表 6.7 所示。

表 6.7　SDM 模型回归结果（ N =124 ）

变量	数值	W*Main	数值
support	0.045 （0.65）	support	0.109 （1.16）
transport	−0.195 （−0.84）	transport	0.498 （1.07）
subsidy	−5.047★★★ （−2.70）	subsidy	−4.100★★★ （−2.64）
ep	0.254 （−1.1）	ep	0.993★ （−1.92）
chargepile	0.01 （−0.25）	chargepile	0.188★★★ （−2.64）
company	0.037 （−1.09）	company	0.024 （−0.6）
car	16.996★★★ （−2.9）	car	29.628★★★ （−4.11）
consume	−0.002★★★ （−2.88）	consume	−0.001 （−1.00）
ep*subsidy	−0.037 （−0.19）	ep*subsidy	0.499★★★ （1.10）
ep*transport	−0.021 （−0.15）	ep*transport	−0.097 （−0.54）
ep*support	−0.028 （−1.24）	ep*support	0.129★★★ −3.03
Variance		Spatial	0.244★★★（−2.32）
sigma2_e	0.759★★★（−15.63）	rho	

注：★，$P<0.1$；★★，$P<0.05$；★★★，$P<0.01$。

（1）在解释变量中，交通优惠和推广路径并没有对新能源汽车推广水平产生正向影响，而仅有财政补贴对新能源汽车推广水平起负向影响，这说明在现实中新能源汽车产业已经度过前期需要政府"输血"的阶段，产业已经能够凭借自身的市场竞争力"造血"，在补贴退坡的情况下，各省份新能源汽车推广水平不但没有下降，还进入了稳步提升阶段，这是两者呈现出负相关关系的重要原因，面板数据证明财政补贴的作用显著下降。

（2）在调节变量中，环保压力并不会对新能源汽车推广水平产生直接影响。但环保压力在与空间变量交互后，对新能源汽车推广水平产生了较为显著的正向影响。本研究选取的环保压力变量是各省份每年的空气质量状况，新能源汽车对于各省份打赢蓝天白云保卫战起着重要的作用，各省份的行动计划也均提到了新能源汽车推广应用对省份改善空气环境的战略意义。但空气质量并不是静态的，作为一种流动性气体，一定地域范围内的空气会相互影响。因此，当环保压力加入空间变量后会对新能源汽车推广水平起正向促进作用，一方面加强了政府对新能源汽车产业的重视和支持，另一方面使得消费者更倾向于选择新能源汽车。

（3）在控制变量中，市场水平和消费水平对新能源汽车推广水平直接起正向促进作用。新能源汽车相较于传统汽车价格较高，这是新能源汽车推广中的重大阻碍，也是政府前期对消费者购买新能源汽车进行补贴的重要原因。首先，在消费水平较高的地方，新能源汽车推广水平自然会较高。其次，市场水平的高低决定了其对新能源汽车应用的潜在需求，这使得市场水平越高的省份，新能源汽车推广水平越高。而其中基础设施与空间变量结合后，会对新能源汽车推广水平产生显著的正向影响。

（4）在交互变量中，只有推广领域和财政补贴在空间上体现出环保压力的调节效应。当邻近的省份政府面临着相似的环保压力时，区域间会采取相似的政策策略推广新能源汽车。如华北地区各省份面临着较大的环境治理压力，都普遍采取了相对较高的财政补贴政策以促进消费者的购买意愿。除此之外，通过在更多的领域类似港口、物流运输等的扩展，可进一步推广新能源汽车。而环保压力较小的省份则采取交通优惠为主，财政补贴为辅的推广策略。环保压力的不同，导致不同省份之间的政策支持呈现出明显的地域区别，并产生出不同的推广效果。

3. 直接效应与间接效应

新能源汽车的推广水平不仅受政策支持和环保压力的影响，而且受到地区消费水平的影响。表6.8是对空间效应进行分解的结果，通过对直接效应和间接效应的分析以深入分析各因素的空间效应。

表 6.8　空间效应分解（$N=124$）

变量	LR_Direct	LR_Indiret	LR_Total
support	−0.163 （−0.84）	0.021 （−0.06）	−0.143 （−0.40）
transport	0.487 （−0.62）	0.146 （−0.78）	0.753 −0.35
subsidy	−0.56 （−0.16）	−2.483 （−0.66）	−3.043 （−0.54）
ep	0.367 （−1.21）	−0.29 （−1.01）	0.077 （−0.15）
chargepile	0.113★★★ （−3.37）	−0.031 （−0.35）	−0.144 （−1.41）
company	0.107★★ （−2.31）	−0.065 （−1.04）	0.042 （−0.61）
car	24.227★★★ （−2.61）	28.159★ （−1.9）	52.386★★★ （−3.36）
consume	0.003★★★ （−2.58）	−0.003★ （−1.91）	−0.006★★★ （−3.35）
ep*subsidy	−0.081 （−0.27）	0.223 （−1.13）	0.142 （−0.36）
ep*transport	0.015 （−0.11）	−0.442 （−1.48）	−0.427 （−1.18）
ep*support	0.047★★ （−2.14）	0.067★★ （−1.96）	0.019 （−0.44）

注：括号内为 t 统计量。★，$P<0.1$；★★，$P<0.05$；★★★，$P<0.01$。

（1）解释变量政策支持的直接效应、间接效应和总效应均不显著。这说明各省份的新能源汽车相关政策并未形成联动，尚未产生区域性的相关政策，在空间上并没有对相邻省份产生影响，这或许是因为各省份天然行政壁垒的限制。

（2）在控制变量中，汽车保有量、产业实力、消费水平和基础设施建设都会对本省份新能源汽车的推广水平产生影响。但仅有汽车保有量和消费水平会对邻近省份产生溢出效应。本省份的汽车保有量高，其市场需求外溢于邻近省份，将促进邻近省份的推广效果。但当地消费水平的提高，反而会降低邻近省份的推广效果，这是由于经济的虹吸效应使其推广会更偏向发展水平较高的省份。

（3）在交互项中，仅环保压力与推广领域、财政补贴的交互项对本省份及邻近省份产生促进效应。环保问题需要区域间的协调合作。随着近些年我国对环境问题的日益重视，地方政府间也抓紧落实了一定的区域治理实践，邻近省份在推广领域上产生了一定的溢出效应，尤其是在一些环保压力较大的区域。基于前期合作的成果，新能源汽车作为环境治理的重要一环，起着不可忽视的作用。

四、结论、建议与讨论

（一）研究结论

通过以上空间计量分析，研究发现：我国新能源汽车推广水平存在省份间的空间溢出效应，而其自身的水平受多种要素综合作用。

（1）对 31 个省份的空间面板数据分析发现财政补贴和新能源汽车推广水平存在着负相关，跨年度数据分析发现财政补贴对于新能源汽车推广的作用在降低甚至不再有较大影响。这主要由于前期新能源汽车产业在政府的大力扶持下已初具规模和实力，能够在补贴退坡的背景下实现自身的健康发展。新能源汽车产业已经进入稳步提升阶段，简单的财政补贴不仅不会助力新能源汽车产业健康发展，而且还会使其过于依赖补贴而丧失内生发展的能力。

（2）环保压力对政府支持促进新能源汽车推广起着显著的正向调节作用。环保压力较大的省份由于其对环境治理的需要而转向对新能源汽车发展的大力扶持。因此在这些省份中，新能源汽车的推广路径和相关优惠措施会更加完善，从而推进其发展。

（3）政策支持的直接效应和间接效应并不显著，但与环保压力的交互项在空间上具有显著效应。这说明各省份间存在着基于环境压力形成政策支持溢出效应的可能，邻近省份会基于共同的环保压力而产生相互政策取向的模仿和同质化。

（4）政策支持、环保压力和新能源汽车推广水平均存在显著正向空间相关性。莫兰指数和SDM结果均显示，政策支持和环保压力在空间上存在着正相关性，具有空间聚集特征，尤其是两者交互项的空间效应。这说明政策支持、环保压力与新能源汽车推广水平存在着空间溢出效应。

（二）政策建议

（1）环境污染无法由某一地方政府独立而有效地解决，需要建立跨地域、跨流域的有效机制[33]。应将新能源汽车产业基础设施等进行区域性规划，倡导跨省份的推广应用方案。由于新能源汽车推广水平具有空间溢出效应的一大原因在于其作为交通工具的流通性，因此相邻省份的新能源汽车基础建设如充电桩等会对本省份新能源汽车的推广水平产生重要影响。2020年4月，国家发展改革委和交通运输部发布的《长江三角洲地区交通运输更高质量一体化发展规划》，为跨省份的新能源汽车推广政策支持的产生提供了实践基础。因此，要在已有行动规划的基础上进一步发展，倡导环境治理的跨省域合作，将新能源汽车推广应用作为治理环境问题的手段之一。应形成区域性的推广应用方案，包括产业布局、产业链的合理分布规划，促进空间溢出效应的提升。

（2）优化推广政策体系。当前的新能源汽车产业虽已具备一定的产业基础，但是其核心研发以及市场竞争力仍然较弱，需要政府一定的政策扶持。在推广应用政策体系中，应将补贴转向基础设施建设，即相关充电桩和充电站的建设。市场存量已经初具规模，要将政策导向由购置转为运营，既要促进企业研发和科技创新，又要为消费者使用新能源汽车提供便利。因此，政策体系中应优化相关的优惠政策，对新能源汽车的充电、出行、保有等方面给予一定优惠。双积分政策的出台为新能源汽车产业的未来发展奠定了基础，可以通过市场力量促进产业的良性发展，但是也要关注其可能出现的积分黑市等不良现象，加强对市场的监管。

（3）重视环保压力的影响，应将政策支持与本土情况相结合。省份因为自身面临着环境治理的绩效目标以及自身能源结构的调整，会通过政策支持促进新能源汽车的推广。省域间环保压力的不同使得各个省域对新能源汽车推广的重视程度、支持力度、政策优惠都有差异。各地应因地制宜，结合本土的政策特点，在完成环境治理目标的前提下有效整合政策工具，推广新能源汽车。对于一些环保压力较大的省份，可以继续保持一定程度的财政补贴，实现平稳过渡；对于一些环保压力较小的省份，则可以体现出较强的市场导向，政策着重点转向新能源汽车的配套领域。

（三）讨 论

本研究初步揭示了新能源汽车作为绿色环保产品推广的空间溢出效应，探讨了政策支持与环保压力的影响。未来，相关研究可以扩展到对所有绿色产品推广的研究，探究绿色产品正外部性属性与空间溢出效应的相关性，论证在所有绿色产品推广中是否都存在着政策支持到补贴退坡，形成相关产业推广和转型的一般性政策演变结论以及空间溢出效应理论。但本研究也存在着一些不足和遗憾，如数据时间跨度较短、数据变量选择不够完善等，这主要由于 2016 年以前新能源汽车推广主要是以试点市的方式进行，大部分省份的推广应用工作较为滞后，省级新能源汽车推广相关数据自 2016 年之后才开始完善。补贴退坡是一个长期过程，目前财政补贴尚未完全退出，完全退出后的推广应用阶段，也是未来需要深入研讨的内容。

参考文献

[1] 中国汽车工业协会 . 我国新能源汽车保有量占全球一半以上 [EB/OL]. (2018–01–31) [2021–10–14]. http://www.caam.org.cn/search/con_5215175.html.

[2] 刘颖琦，王静宇，Ari Kokko. 电动汽车示范运营的政策与商业模式创新 : 全球经验及中国实践 [J]. 中国软科学，2014(12): 1–16.

[3] 李国栋，罗瑞琦，张鸿 . 推广政策对新能源汽车需求的影响——基于城市和车型销量数据的研究 [J]. 上海对外经贸大学学报，2019，26(2): 49–58.

[4] 马少超，范英 . 基于时间序列协整的中国新能源汽车政策评估 [J]. 中国人口·资源与环境，2018，28(4): 117–124.

[5] 赵骅，郑吉川 . 不同新能源汽车补贴政策对市场稳定性的影响 [J]. 中国管理科学，2019，27(9): 47–55.

[6] 袁博 . 后补贴时代中国新能源汽车产业发展研究 [J]. 区域经济评论，2020(3): 58–64.

[7] 范如国，冯晓丹 . "后补贴"时代地方政府新能源汽车补贴策略研究 [J]. 中国人口·资源与环境，2017，27(3): 30–38.

[8] 马亮，仲伟俊，梅姝娥 . 新能源汽车补贴政策"退坡"问题研究 [J]. 软科学，2018，32(4): 26–30.

[9] 吴文劲，朱珞珈，雷洪钧 . 中美新能源汽车战略比较及后补贴时代完善机制研究 [J]. 湖北社会科学，2018(6): 100–104.

[10] 唐葆君，王翔宇，王彬，等 . 中国新能源汽车行业发展水平分析及展望 [J]. 北京理工大学学报 (社会科学版)，2019，21(2): 6–11.

[11] 李创，叶露露，王丽萍 . 新能源汽车消费促进政策对潜在消费者购买意愿的影响 [J/OL]. 中国管理科学 : 1–11[2021–07–05]. https://doi.org/10.16381/j.cnki.issn1003–207x.2019.1845.

[12] 何源，乐为，郭本海 . "政策领域—时间维度"双重视角下新能源汽车产业政策央地协同研究 [J]. 中国管理科学，2021，29(5): 117–128.

[13] Langbroek J, Franklin J P, Susilo Y O. The effect of policy incentives on electric vehicle adoption[J]. Energy Policy, 2016, 94(3): 94–103.

[14] 李晓敏，刘毅然，杨娇娇 . 中国新能源汽车推广政策效果的地域差异研究 [J]. 中国人口·资源与环境，2020，30(8): 51–61.

[15] 熊勇清，黄恬恬，苏燕妮 . 新能源汽车消费促进政策对制造商激励效果的差异性——"政府采购"与"消费补贴"比较视角 [J]. 科学学与科学技术管理，2018，39(2): 33–41.

[16] 廖家勤，孙小爽 . 新能源汽车财税政策效应研究 [J]. 税务与经济，2017(1): 86–93.

[17] Wang K, Wei Y M. China's regional industrial energy efficiency and carbon emissions abatement costs[J]. CEEP–BIT Working Papers, 2014, 130(10): 617–631.

[18] 周安，刘景林 . 新能源汽车对城市节能减排影响的新探索 [J]. 学术交流，2012(7): 101–105.

[19] 阿迪拉·阿力木江，蒋平，董虹佳，等 . 推广新能源汽车碳减排和大气污染控制的协同效益研究——以上海市为例 [J]. 环境科学学报，2020，40(5): 1873–1883.

[20] Li A, Lin B. Comparing climate policies to reduce carbon emissions in China[J]. Energy Policy, 2013, 60(4): 667–674.

[21] 张学睦，王希宁 . 生态标签对绿色产品购买意愿的影响——以消费者感知价值为中介 [J]. 生态经济，2019，35(1): 59–64.

[22] 李稚，刘泽，张磊 . 基于环境与心理因素对中国城市居民新能源汽车购买行为影响研究——聚焦天津市 [J]. 工业工程，2021，24(1): 104–110.

[23] 李国栋，罗瑞琦，谷永芬 . 政府推广政策与新能源汽车需求 : 来自上海的证据 [J]. 中国工业经济，2019(4): 42–61.

[24] 孙晓华，徐帅 . 政府补贴对新能源汽车购买意愿的影响研究 [J]. 大连理工大学学报（社会科学版），2018，39(3): 8–16.

[25] 李晓敏，刘毅然，杨娇娇 . 中国新能源汽车推广政策效果的地域差异研究 [J]. 中国人口·资源与环境，2020，30(8): 51–61.

[26] 岳为众，刘颖琦，童宇，等 . 政府补贴在新能源汽车充电桩产业中的作用：三方博弈视角 [J]. 中国人口·资源与环境，2020，30(11): 119–126.

[27] 柏玲，姜磊，周海峰，等 . 长江经济带空气质量指数的时空特征及驱动因素分析——基于贝叶斯空间计量模型的实证 [J]. 地理科学，2018，38(12): 2100–2108.

[28] 孙学涛，李岩，王振华 . 高铁建设与城市经济发展：产业异质性与空间溢出效应 [J]. 山西财经大学学报，2021，42(2): 58–71.

[29] 李苏秀，刘颖琦，王静宇，等 . 基于市场表现的中国新能源汽车产业发展政策剖析 [J]. 中国人口·资源与环境，2016，26(9): 158–166.

[30] 李晓敏，刘毅然，靖博伦 . 产业支持政策对中国新能源汽车推广的影响研究 [J/OL]. 管理评论 :1–11[2021–10–15]. https://doi.org/10.14120/j.cnki.cn11–5057/f.20210616.001.

[31] 弋亚群，向琴 . 我国新能源汽车产业分析 [J]. 中国软科学，2009(S1): 60–63.

[32] Roger M H, Perron B, Phillips P. Incidental trends and the power of panel unit root tests[J]. Journal of Econometrics, 2007, 141(2): 416–459.

[33] 杨妍，孙涛 . 跨区域环境治理与地方政府合作机制研究 [J]. 中国行政管理，2009(1): 66–69.

第七章

城市试点的比较评估

　　新能源汽车推广应用是应对气候变化、城市大气污染乃至应对全球能源危机的重大举措，美国、日本、欧盟及欧洲各国都将其列为能源气候政策的核心议题之一[1]。同时，我国各级政府也十分重视新能源汽车推广，并将其作为节能减碳和城市雾霾治理的重要手段之一[2]。近年来，我国新能源汽车推广应用在示范试点城市和"购车补贴"政策推动下，经历了快速的规模扩张，2019年，我国新能源汽车的产、销量分别为124.2万辆和120.6万辆，连续五年位居世界第一。但是，相关财税政策的合理性和可持续性一直备受诟病，"车企骗补"更是进一步凸显了财政补贴的依赖效应和挤出效应[3]。2020年4月，财政部等四部委联合发布《关于完善新能源汽车推广应用财政补贴政策的通知》（财建〔2020〕86号），明确2020—2022年补贴标准分别在上一年基础上退坡10%、20%、30%。然而，"平缓退坡"或可延缓却无法从根本上阻止"后补贴时代"的到来。那么如何通过合理的制度设计和政策工具选择，实现新能源汽车推广应用从"补贴推动"到"内源驱动"的转型升级，已然成为亟待研究解决的重要课题。再则，自2010年国家公布第一批试点城市以来，新能源汽车推广应用已经历了两个完整的五年规划期，出现"车企骗补"和巨大的"财政投入"，客观上要求对试点及其成效进行总结和评估，分析公共政策和相关举措的成败得失，并能有所借鉴，有所创新，有所推进。

一、国内外研究现状与评介

　　基于新能源汽车推广应用的战略意义，相关研究一直备受重视，诸多文献从不同的视角，采用不同的方法进行评估和研究。为了全面考察研究现状，本节从成本收益评估、财税等政策评估、供给需求分析、推广应用模式较析四个方面进行梳理与总结。

（一）国内外研究现状

（1）成本收益评估。鉴于传统汽车和新能源汽车财税政策的动态性，总成本动态测量成为学界、政府和公众共同关注的议题[1]。成本收益评估需根据新能源汽车的类型采取不同的评估策略及方法，但大都聚焦于新能源汽车保有量、减排效果、碳排放计量、使用成本、电网收益、电池及能源管理、车辆控制等方面[1-4]。评估显示，新能源汽车可提供灵活的电力消耗和存储，有利于消纳风电和其他不够稳定的可再生能源电力[5]，保证电力系统的灵活性和弹性[6]。

（2）财税等政策评估。中国已构建较为完善的新能源汽车发展政策体系，与市场表现存在强关联[7]，可作用于运输成本、消费行为以及技术创新和扩散，从而对汽车性能、能源效率、续航里程产生重要影响[1,5]，其有效性已得到诸多研究和实践的证明[8-9]。但也有研究认为，财税政策的作用有限[10]，并没有取得预期效果。原因包括政策效果显现的时间要求长、极大的不确定性、强烈的正反馈效应带来的政策依赖，以及地方和国际的相互依存关系。甚至有研究认为，不合理的补贴政策诱导了"车企骗补"，造成了财政依赖和巨大的财政压力，引发了"大跃进"式发展的"造车运动"，导致了产能过剩、资本浪费和金融风险[11]。鉴于此，近年来诸多研究开始关注补贴退坡乃至退出背景下的新能源汽车推广应用问题。一些政策仿真研究发现，补贴退出将导致我国新能源汽车市场份额下降42%[12]，鉴于新能源汽车销售与基础设施之间的间接网络效应，购置补贴可转为基础设施建设补贴[13]；随着财政补贴逐步退坡，实施新能源汽车积分制度和碳配额制度将成为新能源汽车可持续发展的有效手段[14]。

（3）供给需求分析。当前新能源汽车市场仍处于培育期，虽然产品成熟度和消费者认可度不够理想，但政策工具可为其营造有利的市场环境[15]。从"供给侧"看，我国新能源汽车发展前景并不乐观，由于缺乏核心技术和自主创新能力[16]，相关研究认为，应加大协同研发力度，突破关键技术难题，逐步提高电池续航里程和延长使用寿命，降低成本，通过舆论宣传和政策引导来提升消费者的认可度[17]；且应根据不同的性别、年龄、收入和受教育水平关注细分市场的产品与服务供给[18]。从"需求侧"看，相关研究发现，汽车购置补贴、基础设施、传统汽车限购限行政策、碳税及个人碳交易对推广有明显的积极作用，可激发市场需求，提升消费者购买意愿和购买能力，为需求市场提供持续拉力[3,12,19]。一些研究发现，技术水平、市场营销、初始效用、感知风险和环境意识对新能源汽车需求有显著影响[20-21]；也有研究认为，智能电网建设、基础设施建设的完善程度、充换电标准的统一以保障资源共享，或将比价格更能影响购买决策[22]。

（4）推广应用模式较析。基于技术突破的不可预期性，新能源汽车推广应用应以市场为导向，而不是以技术为导向[23]，因此推广方式和商业模式受到相关研究的关注。一些研究讨论了政府采购、商业运营和私人乘用三类异质性市场之间的互动关系、资源配置以及相关政策效果的异质性问题[24]；一些研究则关注不同产业阶段中的商业模式创新，如深圳普天模式、合肥定向购买模式、杭州微公交模式和北京车纷享模式等[25]。近年来，大数据技术的应用诱发产品和服务创新，最终驱动商业模式变革，新能源汽车更是如此，其对新商业模式、车联网和智能化的需求比传统汽车要更为强烈[26-27]。已有研究表明，鉴于新能源汽车智能化、网联化的发展趋势[28]，基于"互联网+"等新一代信息技术的汽车共享将成为新能源汽车推广应用的新模式，可以通过资源共享解决技术障碍和成本门槛等多重问题和挑战，但亟需公共政策的顶层设计[22-29]。

（二）简要评介

综上所述，现有研究呈现以下特征：①我国对新能源汽车推广应用的评估研究往往更加关注数量规模、经济效益和环境效应等可量化的直观成效，忽视了推广应用综合能力的评价及其影响因素分析；②新能源汽车推广应用是一个复杂系统，影响因素不胜枚举，已有研究往往更加关注相关因素（如购车补贴政策、消费者购买意愿）的个别独立分析或少数因素的相互作用，鲜有将上述多重因素纳入一个统一分析框架的综合评估，导致难以发现相关因素协同作用的内在关系和深层机理；③现有研究往往习惯从全国宏观层面讨论推广应用及其成效进而提出改进方案，忽视了不同城市之间在产业基础、需求条件、城市建设、市场发育等方面的异质性，导致难以发现不同类型城市存在的不同障碍，进而亦较难提出有针对性的解决方案。

鉴于此，本研究聚焦于新能源汽车推广应用的综合能力视角，通过构建"内源驱动"理论模型、分析框架及相应的评价指标体系，并通过因素层次分析、综合指数测算分析、系统耦合机理分析和城市聚类分析，对 12 个目标城市的新能源汽车推广应用进行综合评价，试图发现制约与影响我国城市新能源汽车推广应用的薄弱环节及其阻碍因素，进而探讨补贴退坡背景下新能源汽车推广应用从补贴推动向内源驱动转型升级的制度设计和政策工具选择。

二、分析框架与研究设计

（一）理论模型、分析框架及指标体系构建

文献综述表明，新能源汽车推广应用是一个系统工程[30]，不仅是产业发展问题，而且是公共政策问题，事关产业基础、技术创新、能源环境、城市建设和市场发展等各个方面。为了更好地反映新能源汽车推广应用的系统性和多维度特征，本研究借鉴了迈克尔·波特（Michael Porter）的"钻石模型"[31]，从基础资源、需求条件、配套政策和模式创新四个维度构建新能源汽车推广应用"内源驱动"理论模型（图 7.1），将这四个维度作为综合评估指标体系的一级指标，进而分解为若干二级指标，基于数据可靠性、可比性和可得性等原则，同时征求专家意见，从中筛选出 12 个二级指标（图 7.2）及其对应的表征数据。

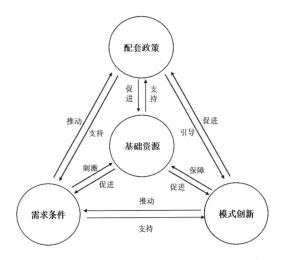

图 7.1 新能源汽车推广应用"内源驱动"理论模型及其耦合协调机理

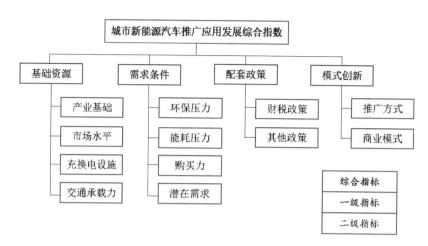

图 7.2　新能源汽车推广应用"内源驱动"综合评估指标体系

相关指标筛选理由及说明如下。

基础资源是指对新能源汽车推广应用起着基础作用的汽车产业发展水平、市场发展水平、城市公共设施水平、充换电基础设施等资源。研究表明，产业基础、市场水平、充换电设施和交通承载力等要素[7,9,17,25]，对新能源汽车推广应用有着重要的基础支撑作用。

需求条件是指新能源汽车的市场需求情况，主要受各地区环保压力、能耗压力、购买力和潜在需求（人均汽车保有量）等因素的影响[18,20]。环保压力和能耗压力越大，政府推广新能源汽车的动力越大；购买力越强，人均汽车保有量越小，潜在购买力和市场潜力就越大，越有利于新能源汽车的推广应用。

配套政策是指政府为推动新能源汽车推广应用而出台的各项政策，旨在减轻消费者的里程焦虑，提高用车便捷性，增强用户体验，从而推动新能源汽车进入家庭[8,18,19]。配套政策可大致分为财税政策和其他政策，财税政策主要是指购车补贴，其他政策主要包括充换电基础设施建设、传统汽车限牌限行和新能源汽车停车优惠等方面的配套政策。

模式创新是指新能源汽车推广应用的推广方式和商业模式。研究表明，创新性的推广方式或商业模式在合理的市场组织和社会资本的参与下，将有利于实现市场规模的快速扩张，从而有效降低成本，加速实现规模经济和商业化[22,25-26]。

（二）指标权重的确定

为保证指标权重赋值的合理性，本研究运用层次分析法和德尔菲法，向国际能源署、生态环境部、中国汽车技术研究中心有限公司、中国石油天然气集团有限公司和浙江吉利控股集团有限公司等单位的从业专家，以及巴黎大学、悉尼科技大学、南京大学、浙江大学等高等学校的研究学者发放指标权重专家判断矩阵问卷，并将权重判断矩阵输入层次分析法软件（yaahp7.0）进行一致性检验，若不一致则邀请专家修订判断矩阵；最终成功回收35份有效问卷，即35位专家的判断矩阵通过一致性检验（CR数值小于0.1）；最后计算得到各项指标权重（表7.1）。

表7.1　新能源汽车推广应用"内源驱动"综合评估指标体系

综合指数	一级指标	一级指标权重	二级指标	二级指标权重
城市新能源汽车推广应用综合指数	基础资源	0.328	产业基础	0.074
			市场水平	0.056
			充换电设施	0.140
			交通承载力	0.058
	需求条件	0.195	环保压力	0.047
			能耗压力	0.031
			购买力	0.070
			潜在需求	0.047
	配套政策	0.339	财税政策	0.202
			其他政策	0.137
	模式创新	0.138	推广方式	0.082
			商业模式	0.056

从整体看，专家学者更看重配套政策维度，不论是财税政策抑或是其他配套政策，权重都很高，说明公共政策对新能源汽车推广应用的推动作用不容小觑，财税政策的退坡或退出有待慎重考量和进一步研究。在基础资源维度，充换电设施权重最大，说明专家认为新能源汽车基础设施对其推广应用至关重要，相较而言产业基础影响力一般。需求条件维度整体上不如前两者重要，专家认为消费者购买力相对较为关键。在模式创新维度，相对商业模式，专家们显然认为推广方式更为关键，一定程度上进一步强调了政府决策的重要性。

（三）评估对象、表征数据及来源

基于数据可获得性和城市代表性原则，本研究选取了第一批试点城市 7 个（北京、上海、深圳、杭州、合肥、武汉、重庆），第二批试点城市 3 个（广州、天津、厦门），第三批试点城市 2 个（成都、沈阳），共计 12 个城市。从城市能级看，这 12 个城市皆为一线城市或准一线城市，是新能源汽车推广应用的重点城市，其推广应用总量占到了全国的 70% 以上；从地理区位看，上述城市既有沿海城市，也有内陆城市，且分布在华北、华南、华东、华中、西部多个地区。另外，考虑到新能源汽车推广应用的根本目标是进入家庭，将重点研究新能源乘用车的推广应用。二级指标表征数据说明及来源如表 7.2 所示。

表 7.2　二级指标表征数据说明及来源

二级指标	表征数据	数据说明	数据来源
产业基础	新能源汽车企业数	产业是新能源汽车推广应用的基础，一个城市的新能源汽车企业（或生产基地）数量越多，说明产业基础越好	第一电动网 https://www.d1ev.com
市场水平	新能源汽车 4S 网点数	新能源汽车 4S 网点能够反映该城市的新能源汽车市场的发展水平，4S 网点数量越多，说明市场发展水平越高	第一电动网 https://www.d1ev.com
充换电设施	充电桩数量	充电桩数量能够反映一个城市基础设施水平，充电桩越多，越有利于新能源汽车推广应用	第一电动网 https://www.d1ev.com
交通承载力	车辆平均占有公路里程（米／辆）	车辆平均占有公路里程是常用的衡量交通承载力的数据，车辆平均占有里程越多，说明交通承载力越好，越有利于推广新能源汽车	各市统计年鉴
环保压力	空气质量未达标天数	选择空气质量未达标天数来表征环保压力，空气质量未达标天数越多，说明环保压力越大，新能源汽车推广的动力越大	各市统计年鉴
能耗压力	单位 GDP 能耗（吨标准煤／万元）	单位 GDP 能耗越高，能耗压力越大，越有利于刺激地方政府支持高能效的新能源汽车推广应用	各市统计年鉴
购买力	人均可支配收入	人均可支配收入越高，购买力越强，越有利于新能源汽车推广应用	各市统计年鉴

续表

二级指标	表征数据	数据说明	数据来源
潜在需求	人均汽车保有量（辆/千人）	近期看，现有人均汽车保有量越大，汽车市场饱和度越高，新能源汽车潜在需求越小	各市统计年鉴
财税政策	地方补贴与中央比值	考虑到中央财政的全国一致性，地方补贴与中央比值能够反映一个城市财税政策的力度，比值越高则力度越大	中国汽车技术研究中心 各市政府门户网站
其他政策	其他政策数	财税政策外，还有许多配套政策，如不限行、不摇号、停车优惠等，政策越多，说明其他配套政策越完善	中国汽车技术研究中心 各市政府门户网站
推广方式	推广方式数	特指以政府为主体的推广方式，包括政府购买、公共事业用车示范运营等，方式越多，越有利于推广	中国汽车技术研究中心 各市政府门户网站
商业模式	商业模式数	特指以企业为主体的商业模式，包括分时租赁、整车租赁等不同的模式，模式越多，越有利于推广	中国汽车技术研究中心 各市政府门户网站

注：为保证数据一致性和结果分析的有效性，以上数据皆截至 2018 年年底。

（四）研究方法

1. 综合指数统计测算方法

基于不同指标数据之间的可比性、直观性和统计分析的需要，本节采用最大最小值法对相关指标数据进行标准化。处理正相关逻辑关系指标数标准化公式为：

$$X_i = [x_i - x_{\min}]/[x_{\max} - x_{\min}] \quad\quad (7.1)$$

处理负相关逻辑关系指标数值标准化公式为：

$$X_i = [x_{\max} - x_i]/[x_{\max} - x_{\min}] \quad\quad (7.2)$$

式中，X_i 为标准化后二级指标得分，x_i 为二级指标原数值，$x_{\max}$、$x_{\min}$ 分别为 12 个城市二级指标原数值中的最大值和最小值。

根据权重和标准化数据，按照以下公式汇总计算，可得 12 个城市新能源汽车推广应用综合指数。

$$E_j = \sum_{i=1}^{n} W_i \times X_{ij} \quad\quad (7.3)$$

式中，X_{ij} 为 j 城市标准化后二级指标得分，W_i 为二级指标权重，E_j 为 j 城市新能源汽车推广应用综合指数。

2. 结果分析方法

（1）耦合度与耦合协调度分析。耦合度可刻画系统间相互作用、相互影响的程度，它决定系统达到临界状态时会走向何种结构。新能源汽车推广应用是"基础资源、需求条件、配套政策、模式创新"4 个维度（子系统）相互作用、相互影响、相互促进的有机统一体（图 6.1）。四维耦合度计算公式如下：

$$C_4 = \sqrt[4]{U_1 \times U_2 \times U_3 \times U_4 / \left[(U_1 + U_2 + U_3 + U_4)/4\right]^4} \tag{7.4}$$

式中，C 为耦合度；U_1、U_2、U_3 和 U_4 分别指"基础资源、需求条件、配套政策、模式创新"4 个维度对新能源汽车推广应用的综合效用（维度得分）。

由于耦合度只能说明 4 个维度之间的相互影响及作用的大小，不能反映四者协调发展水平的高低，如 4 个维度有可能处于高度耦合的状态，但却处于一种低水平发展阶段，所以需要引入耦合协调度来更好地表征"基础资源、需求条件、配套政策、模式创新"四维度之间的耦合协调程度。四维耦合协调度计算公式如下：

$$D = C \times T \tag{7.5}$$

$$T = \alpha U_1 + \beta U_2 + \gamma U_3 + \delta U_4 \tag{7.6}$$

式中，D 为系统耦合协调度，代表 4 个维度协调发展程度；C 为耦合度；T 为新能源汽车推广应用发展综合指数，反映 4 个维度的整体协同效益和发展水平；α、β、γ、δ 为待定参数。

另外，为考察 2 个维度之间的耦合协调水平，本研究还分别计算了双维耦合度和耦合协调度，计算方法与四维耦合度和耦合协调度的计算原理相同，在此不一一赘述。耦合协同水平的划分标准如表 7.3 所示。

表 7.3 耦合度与耦合协调度划分标准

指数	取值范围	所处阶段和层次
耦合度 C	$0 < C \leq 0.3$	低水平耦合阶段
	$0.3 < C \leq 0.5$	拮抗阶段
	$0.5 < C \leq 0.8$	磨合阶段
	$0.8 < C \leq 1.0$	高水平耦合阶段

续表

指数	取值范围	所处阶段和层次
耦合协调度 D	$0 < D \leqslant 0.3$	低度耦合协调
	$0.3 < D \leqslant 0.5$	中度耦合协调
	$0.5 < D \leqslant 0.8$	高度耦合协调
	$0.8 < D \leqslant 1.0$	极度耦合协调

（2）观测值聚类算法。本研究采用观测值聚类算法对 12 个目标城市实施类型划分。观测值聚类算法是层次聚类算法中的一种，是一种对每个观察值进行分组观察的算法，该算法会在各种距离的基础上创建一个集群树，其"多层次结构"的特性使得某一个级别的不同类可能会在下一个更高级别中被聚为一类。使用观测值聚类算法可以组合具有相同特征的观测值，使其在分层过程形成组，在没有对数据进行初始分类的情况下，该分类方法最为适用。

三、评估结果及分析

（一）综合评价结果及分析

1. 综合排名结果及分析

12 个城市新能源汽车推广应用综合评价结果如表 7.4 所示。总体上，从城市能级看，一线城市尤其是北上广要优于其他城市，从地理区位分布上看，则没有显著特征；排名前 50% 的城市综合得分皆在平均水平以上，综合排名第二的上海表现最为均衡，是唯一一个四维度得分都超过均值的城市。标准差分析表明，城市之间异质性较大，且综合指数异质性较维度异质性更为显著，例如，排名第一的北京和排名最后的厦门之间的指数差值为 0.420，接近平均分（0.449）和排名第四的深圳的综合得分（0.451）。从各维度表现看，基础资源、需求条件、配套政策、模式创新四维度得分在均值之上的城市占比分别为 50.00%、41.67%、50.00%、58.33%，综合排名前 50% 的城市四维度得分达均值的城市占比分别为 83.33%、50.00%、66.67%、66.67%；各个城市尤其是排名前 50% 的城市基础资源维度的表现较好，说明基础资源对于一个城市的新能源汽车推广应用而言确实至关重要；占比最低的需求条件维度则存在较大的提升空间，未来或成为各个城市的发力点之一。

表 7.4 新能源汽车推广应用"内源驱动"综合指数

城市	基础资源	需求条件	配套政策	模式创新	综合指数	排名
北京	0.259	0.139	0.197	0.076	0.671	1
上海	0.222	0.154	0.197	0.097	0.670	2
广州	0.109	0.133	0.247	0.097	0.585	3
合肥	0.218	0.094	0.059	0.138	0.509	4
重庆	0.158	0.092	0.109	0.138	0.497	5
深圳	0.148	0.106	0.128	0.069	0.451	6
武汉	0.091	0.091	0.091	0.110	0.383	7
杭州	0.093	0.115	0.069	0.097	0.374	8
沈阳	0.008	0.090	0.202	0.041	0.341	9
成都	0.109	0.066	0.128	0.028	0.331	10
天津	0.131	0.131	0.000	0.069	0.331	11
厦门	0.008	0.066	0.059	0.117	0.251	12
均值	0.130	0.106	0.124	0.090	0.449	—
标准差	0.075	0.027	0.071	0.033	0.133	—

（二）维度及指标结果及分析

相对于综合指数表，图 7.3、图 7.4 更为直观地反应了各城市在各维度及指标上的差异。①从基础资源维度看，得益于其发达的充换电设施网络（图 7.3），北京、上海、合肥、天津和深圳五市的基础资源得分明显高于其他城市；其中，北京、上海和合肥三市充电桩数高达 3.5 万个以上，是武汉、厦门的 7~8 倍。②从需求条件维度看，排名前三的是北上广三市，紧接着是杭州、深圳和天津三市，除天津外，另外两市皆是消费者购买力位居前五的城市；相对而言，北京、重庆、天津面临着更大的能源环境压力，重庆的潜在需求最为旺盛。③从配套措施看，50% 的城市得分超均值，可见多数城市的财税政配套政策与中央政策较为一致，广州和沈阳的表现尤为突出，排名第一和第二；鉴于传统汽车限行和牌照摇号政策的实施，北京和上海表现良好，分别排第三和第四。④从模式创新看，除沈阳和武汉外，其余 10 个城市的表现基本相当，说明推广方式、商业模式的城市异质性并不显著，其原因或是"互联网 +"时代模式创新的快速扩散机理。

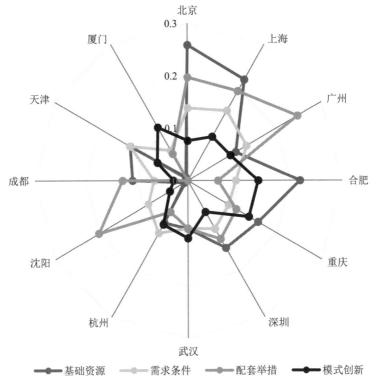

图 7.3　12 个城市一级指标表现

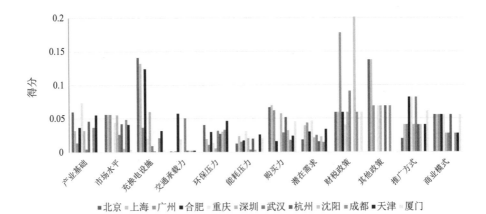

图 7.4　二级指标表现

（三）耦合协调度结果及分析

1. 四维耦合协调结果及分析

如表 7.5 所示，12 个城市新能源汽车推广应用四维耦合度和耦合协调度的均值分别为 0.891（高水平耦合阶段）和 0.627（高度耦合协调），说明系统整体耦合协调性良好；但是没有一个城市达到极度耦合协调，说明所有城市在四维度间的协调作用发挥上都有上升空间。根据四维耦合度和耦合协调度等级划分标准，12 个城市可分为高度耦合协调型（高水平耦合阶段，高度协调）与中度磨合协调型（磨合阶段，中度协调）两种类型。其中，10 个城市属于前者，说明城市之间趋同性较强；只有沈阳和厦门属于后者，这两市无论是四维耦合度还是耦合协调度都位居最后两名，说明这两市四维度间相互促进的协调作用尚未发挥，可提升空间更大。

表 7.5　12 个城市的四维耦合度和耦合协调度

城市	四维耦合度 C_4	耦合协调度 D_4	耦合协调类型
北京	0.909	0.781	高水平耦合，高度耦合协调
上海	0.954	0.799	高水平耦合，高度耦合协调
广州	0.932	0.738	高水平耦合，高度耦合协调
深圳	0.962	0.659	高水平耦合，高度耦合协调
杭州	0.984	0.606	高水平耦合，高度耦合协调
天津	0.938	0.557	高水平耦合，高度耦合协调
沈阳	0.585	0.446	磨合，中度耦合协调
成都	0.861	0.534	高水平耦合，高度耦合协调
武汉	0.997	0.618	高水平耦合，高度耦合协调
重庆	0.979	0.697	高水平耦合，高度耦合协调
厦门	0.697	0.418	磨合，中度耦合协调
合肥	0.894	0.675	高水平耦合，高度耦合协调
均值	0.891	0.627	—

2. 双维耦合协调度分析

在四维耦合协调度分析的基础上，笔者将维度进行两两组合，对不同组合的双维度耦合协调作用进行深度挖掘。双维耦合协调分析的结果和四维耦合协调分析的结果基本吻合，但不同城市的双维度耦合协调作用存在深层异质性：①沈阳、厦门和成都皆有部分双维耦合度处于较低水平（磨合或拮抗）；沈阳的基配双维耦合度，厦门的基模双维耦合度甚至处于拮抗阶段（图 7.5）；②相对双维耦合度而言，不同城市的双维耦合协调度展现出了更为显著的异质性（图 7.6）；72 个双维耦合协调度（平均 1 个城市 6 个）中有 9 个属中度耦合协调，分别来自杭州（1个）、成都（1 个）、天津（2 个）、沈阳（2 个）和厦门（3 个）；另有 3 个属低度耦合协调，分别为沈阳的基模耦合协调度，厦门的基配和基需双维耦合协调度。以上结果说明，相对四维耦合度和耦合协调度而言，双维耦合度和耦合协调度提升空间更大。

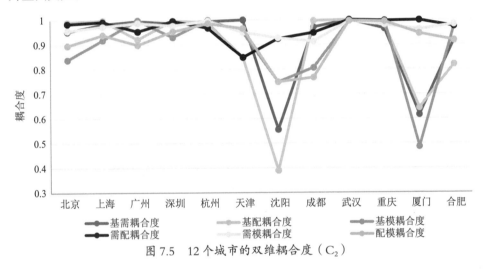

图 7.5　12 个城市的双维耦合度（C₂）

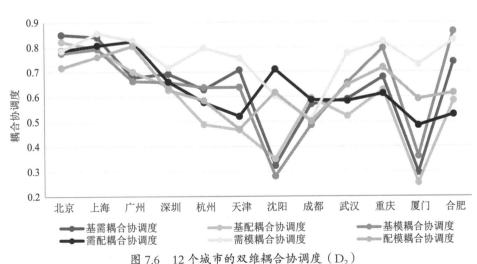

图 7.6　12 个城市的双维耦合协调度（D₂）

（四）观测值聚类结果及分析

如若说综合指数及其得分表征了一个城市新能源汽车推广应用"内源驱动"的综合能力，那么新能源汽车保有量则是其外在表现。为发现"内源驱动"和外在表现的契合程度及其原因，本研究基于各城市综合指数排名和新能源汽车保有量排名（表7.6），应用 Matlab 软件，采用基于欧氏距离（Euclidean）和最短距连接法的观测值聚类算法，对12个城市进行了聚类分析（图7.7），将12个城市划分为4种类型。①高分高效型：唯有全面优秀，才能领先。北京、上海、广州、深圳皆为第一批试点城市，起步早，基础资源好，配套政策力度大，消费者购买力强，模式创新活力足，不论是四维耦合协调度还是双维耦合协调度都处于高水平，说明这4个城市不仅有着较好的维度得分，而且充分发挥了4个维度及相关因素之间的耦合协同作用。②低分高效型：关键维度（因素）的"光环效应"。综合指数得分靠后的天津、厦门、成都在新能源汽车保有量排名靠前，说明在新能源汽车推广应用中，即使某些方面存在短板，仍可凭借某些关键维度（因素）的"光环效应"获得高回报，例如，天津扎实的汽车工业基础支撑和相对较大的能源环保压力倒逼，厦门丰富多样的推广方式和商业模式和相对较高的消费者购买力，以及成都成熟的新能源汽车充电设施和销售网络；即便其可持续性尚待时间检验。③低分低效型：短板多，关键维度（因素）无优势。杭州、沈阳、武汉三市共同的特点是短板很显著，且关键维度（因素）没有建立优势，新能源汽车的推广应用受到很大限制。④高分低效型：关键维度（因素）的"木桶效应"。重庆、合肥综合得分不低，但保有量不高，原因在于关键维度（因素）存在明显短板，如重庆落后的充换电设施以及重庆、合肥羸弱的消费者购买力。

表7.6 12个城市新能源汽车推广应用综合指数及保有量排名

城市	北京	上海	广州	合肥	重庆	深圳	武汉	杭州	沈阳	成都	天津	厦门
综合指数排名	1	2	3	4	5	6	7	8	9	10	11	12
保有量排名	2	1	3	9	8	4	12	10	11	5	6	7

注：新能源乘用车保有量排名数据来自中国汽车技术研究中心，第一电动网（https://www.d1ev.com）。

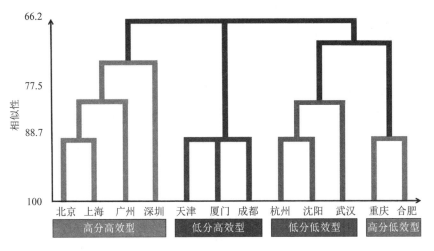

图 7.7 城市类型划分

四、评估结论及政策启示

在补贴退坡甚至终将退出的背景下，对新能源汽车推广应用示范试点进行评估，进而探索转型发展的新动能实有必要。研究发现：①新能源汽车推广应用是一个由基础资源、需求条件、配套政策和模式创新等维度（子系统）构成的复杂系统，唯有在4个方面都有较好表现的城市才能取得好的推广应用成效；②专家权重问卷表明，影响新能源汽车推广应用"内源驱动"的十二大因素中，财税政策、充换电设施和其他配套政策位居前三；③四维度及两两维度间存在协同作用及相应的耦合机理，相对四维耦合协调度而言，双维耦合协调度有着更为显著的城市异质性；④12个目标城市可分为四大类型：高分高效型、低分高效型、低分低效型与高分低效型，关键维度（因素）的"光环效应"和"木桶效应"同样显著。

上述结论的政策启示如下。

（1）抓住三大关键因素，优先发力。短期看，新能源汽车推广应用应重视基础设施建设、财税政策和其他配套政策三大关键因素；长期看，在补贴退坡的背景下，尤其要关注基础设施建设和其他配套政策两大因素。具体而言，首先，城市政府应根据自身财政条件和需要合理设置购车补贴，并探索从补购置逐步向补里程转型，根据车辆使用成本测算合理设置补贴标准及补贴上限；其次，加强充换电基础设施建设，引导充电设施的合理布局，明确充换电基础设施产权人、建设单位、管理服务单位，以及车企、社区、物业、汽车所有人等相关主体的权利义务和建设使用管理流程；最后，出台更多的配套政策，除新能源汽车不限牌不限行等传统政策外，还可考虑予以新能源汽车公交专用道行驶权，设置专用停车位，也可考虑结合各城市现有的积分落户政策，给予新能源汽车购买者落户积分。

（2）着力提升耦合协调度，发挥协同效应。在补贴退坡及政策交迭期，尤应注意充电设施的数量、质量、布局与推广方式、商业模式的适配性，以及其他配套政策出台的适时性和稳定性。例如，北京等高耦合协调型城市的显著特征是基础资源雄厚，耦合度虽高，但协调度相对较低使得其新能源汽车推广应用"内源驱动"能力尚未完全发挥作用，仍需抓紧基础资源建设，构建高效、合理的充换电网络；落实配套举措，坚持传统汽车限行限牌政策，刺激需求条件；鼓励模式创新，将财政补贴适当转移至运营端。沈阳等中磨合协调型城市的显著特点是基础资源的落后，导致其他维度不能发挥良好的协同效应，在未来发展中应出台政策，合理提高补贴标准，将以政府补贴为主的财政政策转向市场融资为主的货币政策，以此促进模式创新，通过模式创新，激发市场主体和社会资本参与新能源汽车产业、市场建设、充换电基础设施建设，从而强化基础资源，同时出台政策刺激消费需求，提升需求条件，最终形成要素合力和良性循环。

（3）选择合理的政策组合，激发"光环效应"，抑制"木桶效应"。高分高效型城市要注重政策举措的可持续性，充分利用先发优势，保持领先地位；低分高效型城市要出台政策维持并进一步加强和发挥关键维度（因素）优势；低分低效型城市应抓住关键维度（因素），打造优势条件；高分低效型城市应转换推广应用思路，实施针对性举措，补齐短板，出台举措着力解决新能源汽车推广应用的痛点，进一步刺激消费者需求。具体而言，厦门等低分高效型城市应继续发挥传统优势，如：进一步拓宽新能源汽车应用领域，向物流车、观光车、环卫车等领域延伸，向每个家庭的第二辆车延伸，向广大农村地区延伸；继续鼓励商业模式创新，为共享汽车、分时租赁、网约车等提供更多政策支持。重庆、合肥等高分低效型城市则应尽快补齐短板，如：加强相关规划与标准的修订工作，引导充换电基础设施合理布局，结合居民区、公共机构、商场超市、写字楼等各类建筑物中配建充电基础设施；根据人口分布情况合理布局充电基础设施建设，可参照加油站点布局，在全市范围内布局建设充换电站，以满足新能源汽车不同场景的充换电需求；实施电价优惠，具体可针对不同的新能源汽车类型（纯电动、插电混动等）设立不同层级的优惠标准。

参考文献

[1] Gass V, Schmidt J, Schmid E, et al. Analysis of alternative policy instruments to promote electric vehicles in Austria[J]. Renewable Energy, 2014, 61(1): 96–101.

[2] Guo J F, Zhang X M, Gu F, et al. Does air pollution stimulate electric vehicle sales? Empirical evidence from twenty major cities in China[J]. Journal of Cleaner Production, 2020, 249(3): 1–31.

[3] 范如国，冯晓丹．"后补贴"时代地方政府新能源汽车补贴策略研究 [J]. 中国人口·资源与环境，2017，27(3): 30–38.

[4] 唐葆君，马也．"十三五"北京市新能源汽车节能减排潜力 [J]. 北京理工大学学报（社会科学版），2016，18(2): 13–17.

[5] Peng M H, Liu L, Jiang C W, et al. A review on the economic dispatch and risk management of the large-scale plug-in electric vehicles (phevs)-penetrated power systems[J]. Renewable and Sustainable Energy Reviews, 2012, 16(3): 1508–1515.

[6] Shafiei E, Davidsdottir B, Stefansson H, et al. Simulation-based appraisal of tax-induced electro-mobility promotion in iceland and prospects for energy-economic development[J]. Energy Policy, 2019, 133(10): 110894.

[7] 李苏秀，刘颖琦，王静宇，等．基于市场表现的中国新能源汽车产业发展政策剖析 [J]. 中国人口·资源与环境，2016，26(9): 158–166.

[8] Munzel C, Plotz P, Sprei F, et al. How large is the effect of financial incentives on electric vehicle sales? – A global review and European analysis[J]. Energy Economics, 2019, 84(10): 104493.

[9] Yu J, Yang P, Zhang K, et al. Evaluating the effect of policies and the development of charging infrastructure on electric vehicle diffusion in China[J]. Sustainability, 2018, 10(10): 3394.

[10] Zhang X, Liang Y, Yu E, et al. Review of electric vehicle policies in China: Content summary and effect analysis[J]. Renewable and Sustainable Energy Reviews, 2017, 70(4): 698–714.

[11] 张厚明. 我国新能源汽车市场产能过剩危机的成因与对策研究 [J]. 科学管理研究，2018，36(3): 28–30+35.

[12] Wang N, Tang L H, Zhang W J, et al. How to face the challenges caused by the abolishment of subsidies for electric vehicles in China[J]. Energy, 2019, 166(1): 359–372.

[13] Zhu L J, Wang P Z, Zhang Q, et al. Indirect network effects in China's electric vehicle diffusion under phasing out subsidies[J]. Applied Energy, 2019, 251(10): 113350.

[14] 刘宏笪，孙华平，张茜. 中国新能源汽车产业政策演化及执行阻滞分析——兼论双积分政策的协同实施 [J]. 管理现代化，2019，39(4): 41–46.

[15] 王静，王海龙，丁堃，等. 新能源汽车产业政策工具与产业创新需求要素关联分析 [J]. 科学学与科学技术管理，2018，39(5): 28–38.

[16] Meng F S, Jin X J. Evaluation of the development capability of the new energy vehicle industry: An empirical study from china[J]. Sustainability, 2019, 11(9): 26–35.

[17] 王莉. 技术创新驱动的转型发展研究——基于新能源汽车产业 [J]. 科学管理研究，2016，34(5): 48–52.

[18] 朱勇胜，朱继松，余升文，等. 新能源汽车的消费者特征研究——基于深圳市消费者调查的分析 [J]. 北京大学学报 (自然科学版)，2017，53(3): 429–435.

[19] 李国栋，罗瑞琦，谷永芬. 政府推广政策与新能源汽车需求 : 来自上海的证据 [J]. 中国工业经济，2019(4): 42–61.

[20] Ma S C, Xu J H, Fan Y, et al. Willingness to pay and preferences for alternative incentives to EV purchase subsidies: An empirical study in China[J]. Energy Economics, 2019, 81(3): 197–215.

[21] 马少超，范英. 基于时间序列协整的中国新能源汽车政策评估 [J]. 中国人口·资源与环境，2018，28(4): 117–124.

[22] 叶瑞克，朱方思宇，范非，等. 电动汽车共享系统 (EVSS) 研究 [J]. 自然辩证法研究，2015，31(7): 76–80.

[23] 杨裕生. 低速微型电动车的历史性作用 [J]. 科技导报，2016，34(6): 23–25.

[24] 熊勇清，李小龙. 新能源汽车供需双侧政策在异质性市场作用的差异 [J]. 科学学研究，2019，37(4): 597–606.

[25] 李苏秀，刘颖琦，Kokko A. 中国新能源汽车产业不同阶段商业模式创新特点及案例研究

[J]. 经济问题探索，2017(8): 158–168.

[26] 陈清泉，郑彬 . 创新思维下的新能源汽车发展理念 [J]. 中国工程科学，2019，21(3):
70–75.

[27] 张静静，刘璐，李剑玲 . 生态消费视角下的新能源汽车商业模式创新研究 [J]. 生态经济，
2020，36(3): 72–77.

[28] 欧阳明高 . 新能源汽车：新进展、新趋势、新挑战 [J]. 新能源经贸观察，2017(7): 36–39.

[29] 黄毅祥，蒲勇健，孙衔华 . 电动汽车分时租赁市场联盟定价博弈 [J]. 软科学，2018，
32(2): 20–23+43.

[30] 蔡萍，武杰 . 新能源汽车未来发展系统的机制研究 [J]. 系统科学学报，2019，27(4):
35–40.

[31] Porter M E. The Competitive Advantage of Nations[M]. New York: The Free Press,
1990.

第八章

农村推广的因素分析

　　随着新能源汽车的发展进步，新能源汽车市场快速扩大。2020年初，政府联合新能源汽车产业联盟发起了一场新的"新能源汽车下乡"活动，旨在深入推广宣传新能源汽车，激发农村居民购买力，挖掘农村市场潜力，进一步扩大新能源汽车市场。然而，新能源汽车在农村的推广并不顺利，甚至面临诸多难题，多数农村消费者仍处于观望状态。本章旨在探讨农村居民购买新能源汽车意愿的影响因素，分析其内在机理，并提出合理的政策工具选择，以实现新能源汽车在农村地区的深度推广。这一研究可以更详尽地梳理为对以下一系列问题的探讨。①相关影响因素对于新能源汽车农村购买意愿的影响作用如何？是正面影响还是负面影响？是直接影响还是间接影响？②不同的影响因素对于新能源汽车在农村购买意愿的影响力（或影响度）有何差异？影响因素与购买意愿结果间的相关程度可否量化？其具体差异如何？这些因素是如何共同作用以影响新能源汽车在农村的购买意愿的？③新能源汽车在各个地区农村的购买意愿度如何？可否通过量表进行预测？④如何通过不同的制度设计、政策工具及其组合，推进新能源汽车在农村扩散？

一、国内外研究现状

　　购买意愿即消费者愿意采取特定购买行为的概率。一般认为，消费者对某一产品或品牌的态度加上外在因素的作用，构成消费者的购买意愿，购买意愿可视为消费者选择特定产品的主观倾向，并被证实可作为预测消费行为的重要工具。国外对新能源汽车购买意愿影响因素的研究开始较早。Ewing 和 Sarigollu[1] 通过研究消费者对清洁能源汽车的偏好，证明汽车性能是影响消费者意愿的关键因素。Grazia 等 [2] 利用概率选择模型研究价格和性能改进对消费者电动汽车购买意愿的影响，结果发现：降价是影响消费者购买意愿转变的主要因素；对于购买意愿初始值较低的消费者来说，增加行驶里程很重要；而能够在家里充电对于购买意愿初始值较高的消费者来说至关重要。Beatriz 等 [3] 对 Logit 模型进行了估计，证明了充电时间、行驶里程和对电动汽车价格的感知对消费者电动汽车购买意愿都很重要。Takanori 等 [4] 利用结构方程模型（SEM）分析，证明了环境意识对非电动汽车用户的购买意愿有直接影响，而对电动汽车用户的购买后满意度有间接影响。Muhammad 等 [5] 基于吸收规范活化模型与计划行为理论，探讨混合动力汽车的绿色购买意愿：感知绿色价值、感知行为控制和感知环境责任对混合动力汽车的绿色购买意向有正向影响。

国内对新能源汽车购买意愿影响因素的研究从 2010 年左右开始获得学者们较多的关注。徐国虎和许芳 [6] 率先通过焦点小组访谈和问卷调查的方法获取资料，并运用 SPSS 17.0 采用主成分分析法进行因子分析，得出了 5 个新能源汽车购买决策的影响因子，分别是售后服务因子、购置成本因子、汽车品质因子、使用能耗因子和周围影响因子。叶楠等 [7] 对新能源汽车早期采用者特征进行了识别，发现新能源汽车早期采用者大多比较富裕且教育水平高，比平均车主年龄稍大，更多的是女性；此外，"混合家庭"是早期新能源汽车的主要利基市场，时尚环保者和驾车成本敏感者是潜在的早期主要采购人群。殷正远和王方华 [8] 在对国内外学者关于消费者在新能源汽车购前阶段形成购买意愿的研究进行梳理的基础上，探究了消费者现有用车行为特征与消费者对于新能源汽车认知对其购买意愿的影响。

2015 年之后，国内学者对新能源汽车购买意愿影响因素的研究开始从现实具体的影响因素转至以理论框架为基础的抽象的影响因素。虽然还有部分学者仍然更重视具体因素对消费者新能源汽车购买意愿的影响，如李创等 [9] 以 SOR 理论为基础，通过对河南省洛阳市四个县区的问卷调查，分析了新能源汽车消费促进政策对潜在消费者的影响，结果发现汽车消费促进政策通过感知价值和感知风险对潜在消费者的购买意愿产生影响，其中充电政策的影响最大，路权政策次之，再次是宣传政策，购车政策的影响最小。但有相当部分的学者基于相关理论提出了影响因素的假设并进行验证。沈悦和郭品 [10] 基于网络外部性理论，提出了虚荣效应与攀比效应能够提高新能源汽车消费偏好的理论假说，并用 409 个调研数据的 Logistic 实证分析支持了该观点。祖明等[11]基于价值—信念—规范理论，选取利己主义价值观和利他主义价值观作为消费者的环境价值导向，并加入绿色感知价值作为中介变量，最终证实消费者利己主义价值观具有负向作用，但不显著；利他主义价值观具有显著的正向作用，绿色感知价值具有显著的中介作用。尹洁林等[12]基于技术接受模型和感知风险理论，并结合消费者面对不确定性时进行决策的人格特质，建立了消费者新能源汽车购买意愿影响因素的理论模型，并进行了验证，结果表明：消费者对新能源汽车的感知有用性和感知易用性对其购买意愿存在显著正向影响；对新能源汽车的感知风险对其购买意愿存在显著负向影响。陈凯等[13]基于感知收益—感知风险框架，同时引入环境意识这一利他变量，研究发现感知价值和环境意识对购买意愿具有显著的正向影响，其中感知价值是影响消费者购买意愿的关键路径；感知风险对购买意愿具有显著的负向影响。

二、理论模型与假设

（一）理论基础

1. 技术接受模型

技术接受模型（TAM）是在理性行为理论的基础上，吸收了一系列有关行为与期望的理论，用于研究用户接受新技术的行为。TAM 侧重于研究对新技术的接受行为，是解释影响接受技术因素的经典模型。TAM 认为消费者采纳新能源汽车的行为是由其行为意向决定的，而用户的行为意向又会受到态度和感知有用性的影响，态度最终由感知有用性和感知易用性决定，且感知易用性会影响感知有用性。综上，新能源汽车是多种新兴技术的集合，适合用 TAM 对其进行研究。

2. 计划行为理论

计划行为理论（TPB）是解释"态度—行为"关系的社会心理学理论。TPB 认为，行为意向是最适合解释行为的变量，影响行为意向的因素主要有 3 个：态度、主观规范和知觉行为控制。有研究表明，主观规范会显著正向影响行为态度。人们在不确定的情况下，在认为别人的行为是成功行为的暗示下，会从周围获取该怎么做的信息，从而导致人们有服从群体规范的想法。消费者身边的人对新能源汽车的态度和采纳情况会影响消费者是否采纳新能源汽车的决策，而对新能源汽车感知到的安全性、舒适性等也会影响其采纳新能源汽车的决策。居民采纳新能源汽车作为一种采纳行为，适合用 TPB 进行研究。

3. 收益—风险分析模型

收益—风险分析（BRA）模型是消费行为研究的一个主流框架，感知收益与感知风险是影响消费者购买意愿的重要变量。BRA 模型认为，消费者对收益的感知比对风险的感知更易受感情的驱动，且收益与产品的内在属性相关，主要是与感官特性和喜好相关的内在属性；同时收益还与产品的外在属性相关，如方便性、健康性和环境性等。类似于消费者的购买意愿，居民在选择采纳新能源汽车的过程中也存在感知收益和感知风险。新能源汽车中的感知风险主要涉及安全风险、功能风险和保值风险等；感知收益即新能源汽车的优势，适合用 BRA 模型进行研究。

（二）购买意愿 BTT 模型

尽管以上的 3 个理论（模型）在解释消费者购买意愿上都有了较强的解释力和科学性，但都有着不同程度的缺陷。大部分实证分析结果显示，TAM 模型只能解释用户行为意图的 40%~60%，还有接近一半的相关影响因素不能得到阐释；且 TAM 模型对外部变量的解释比较模糊，有些外部变量影响有用认知的评估，有些则影响易用认知的评估，因此无法从 TAM 模型中找出稳定的外部变量[14]。而 TPB 理论的缺陷则体现为其某种程度上忽视了诸如威胁、恐惧和消极、积极的情绪感受，有关它们的论证也相对匮乏，其中，Armitage、Conner 和 Norman 所进行的研究，特别验证了情绪是否在相当程度上影响到态度、社会规范、知觉行为控制和意图[15]；同时 TPB 并不是一个穷尽模型，在基本模块之外，还有大量的模块留待新的调节变量、中介变量乃至独立变量出现[16]。

研究也证实这几个模型单独应用时虽有一定的解释能力，但各自存在明显的不足，需要对其进行整合，且整合后的解释能力显著提升。如孙建军等[14]的研究中指出，多数学者认为，TAM 模型虽然基于 BRA 模型提出，但它舍弃了

BRA 模型中的主观规范，这是一个缺陷，因为在组织以及社会情境中，用户很容易受到同事、主管以及其他人员的影响，而这一缺陷可以通过纳入 TPB 理论中的主观规范很好地得到修正。为此，本研究建立了 BTT 购买意愿模型（图8.1）。

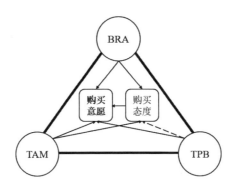

图 8.1　BTT 购买意愿模型

　　TAM 和 TPB 都是基于理性行为理论发展而来的，这种同源性为整合两个理论提供了可能。TAM 更关注接受新事物或新技术的行为，而 TPB 侧重研究对行为的主观控制；一个注重"接受"，另一个注重"控制"，两个理论关注了个人意愿的不同角度，从两个不同的角度探求个人的购买意愿，具有较好的互补性。目前，TAM、TPB 模型都已成熟应用于研究消费者购买行为。

　　BRA 模型更注重风险和收益的"衡量"。它可以基于个人对事物的"接受"和"控制"，对事物的风险和收益进行衡量；也可以凌驾于两者之上，作为单独的角度，弥补其他具体因素对个人意愿影响的缺漏。BRA 在模型中的作用是补充性的，一方面，它统合了 TAM 和 TPB 所忽视的具体的因素对个人意愿的影响，将这些因素分为有益的（感知收益）和有害的（感知风险）两类，从更加客观和具象的角度探求个人的意愿；另一方面，将 TAM 和 TPB 中的"接受"和"控制"转化为对"风险"和"收益"的判断。然而，由于意愿是个人的主观倾向，对于感知收益和感知风险的判断也更多是基于个人的主观看法，并基于此推导个人的主观意愿的。

　　根据已有学者的研究，感知有用性、感知易用性、主观规范、知觉行为控制、感知风险、感知价值均会对消费者的购买意愿产生影响，其中，知觉行为控制、感知风险为负向影响，其他为正向影响。同时，上述因素也会对消费者的购买态度产生影响，作用方向与购买意愿相同，但知觉行为控制除外，其与购买态度的关系并不显著。具体如下。

感知有用性和感知易用性能够正向促进消费者对产品的购买意愿[17-19]。产品的感知价值能够正向作用于消费者的购买意愿，感知风险则会负向作用于消费者的购买态度和意愿[20-21]。主观规范对购买意愿的影响是正向的，而知觉行为控制对购买意愿的影响是负向的[22]。在 TPB 理论应用于消费者购买意愿和购买态度案例中，知觉行为控制与购买态度之间事实上并不存在明显的影响关系。知觉行为控制仅对购买意愿有正向影响，而主观规范不仅对购买意愿有正向影响，而且对购买态度也有正向影响[23,27]。

基于此，本研究在对前人研究的主要结论进行分析的基础上，对 TAM、TPB、BRA 这 3 个理论进行整合，相辅相成，互为补充，调整重构成为包含六大影响因子的购买意愿影响因素模型。该模型认为，感知有用性、感知易用性、主观规范、知觉行为控制、感知风险和感知价值 6 个因素均能够对消费者的购买意愿产生影响；其中，感知有用性、感知易用性、主观规范和感知价值是正向影响，感知风险和知觉行为控制是负向影响；除知觉行为控制外，其他因素也能够对消费者的购买态度产生影响；感知有用性、感知易用性和感知价值对购买态度是正向影响，感知风险和知觉行为控制是负向影响。

（三）研究假设

（1）基于 TAM 的假设

新能源汽车在农村地区的出现和推广在一定程度上为农村居民提供了许多便利。尽管我国农村地区的新能源汽车推广还有很大的发展前景，但在当前以消费者需求和体验为主的时代下，（潜在）消费者从感知到的易用性和有用性等特性出发对新能源汽车进行价值判断，将深刻影响其采纳新能源汽车的态度和意愿。TAM 中影响意愿的变量是态度和感知有用性，前人的研究也证明了态度和感知有用性均正向影响意愿。根据 TAM 有关变量的定义，感知有用性可理解为居民认为使用新能源汽车可以提高其出行效率、节省其时间或提高其生产力；感知易用性可理解为（潜在）消费者认为使用新能源汽车的难易程度。

Jamal 和 Sharifuddin[17] 的研究表明，感知有用性能正向促进消费者对产品的购买意愿。刘晓君等[18] 对城市居民再生水回用行为的研究表明感知有用性和感知易用性对态度有正向影响。Kim 等[19] 从利益最大化视角挖掘用户使用移动互联网的原因及其影响因素，证实了移动数据业务的易用性对消费者的购买意愿有显著正向影响。由此，提出以下假设。

假设 1：购买态度对农村居民的新能源汽车购买意愿存在正向影响。

假设 2：感知有用性对农村居民的新能源汽车购买态度存在正向影响。

假设 3：感知有用性对农村居民的新能源汽车购买意愿存在正向影响。

假设 4：感知易用性对农村居民的新能源汽车购买意愿存在正向影响。

假设 5：感知易用性对农村居民的新能源汽车购买态度存在正向影响。

（2）基于 TPB 的假设

TPB 认为，态度、知觉行为控制和主观规范都对意愿有影响。知觉行为控制仅对意愿有正向影响；而主观规范不仅对意愿有正向影响，而且对态度也有正向影响。主观规范是指个体行为会受到他人或环境的影响，反映农村居民是否会在采纳新能源汽车时考虑外界社会的意见。知觉行为控制是指个体达到某项行为所感知到的难易程度，是农村（潜在）消费者对促使或者阻止其采纳新能源汽车的知觉反映。当农村居民周边群体都对新能源汽车有较大的采纳意愿或者建议居民购买新能源汽车，且居民觉得购买新能源汽车没有其他的坏处时，可能会产生或加强对新能源汽车的采纳意愿。Ajzen[25] 的研究表明，行为意愿最能解释行为变量，而行为意愿主要分为态度、主观规范与知觉行为控制。Fu 等[26] 的研究表明，主观规范会显著正向影响行为态度。Pool 等[23] 的研究表明，当态度不明确时，个体所认定的他人的成功行为对于自身的知觉行为控制会有正向影响。由此，提出以下假设。

假设 6：主观规范对农村居民的新能源汽车购买态度存在正向影响。

假设 7：主观规范对农村居民的新能源汽车购买意愿存在正向影响。

假设 8：知觉行为控制对农村居民的新能源汽车购买意愿存在正向影响。

（3）基于 BRA 模型的假设

感知收益—感知风险是研究消费者购买行为的重要框架。BRA 模型认为，感知收益和感知风险会影响消费意愿。感知收益是指消费者对于某个产品的感知价值。感知风险是指消费者对于某个产品的潜在损失预判。De Medeiros 等[20]对于绿色产品的研究表明产品的感知价值正向影响于消费者的购买意愿。Crespo 等[21]的研究表明，感知风险会负向影响态度和意愿。新能源汽车相对于传统燃油汽车具有很多政策、价格等优势，这是居民选择它的重要原因之一，但其本身在农村尚为一个创新产品，涉及安全风险和使用风险等。因此，收益和风险是用户考虑的重要内容。感知收益是指农村居民认为购买新能源汽车相较于购买传统汽油车或其他代步工具所具有的优势；感知风险是指农村居民购买新能源汽车或可带来的诸如充电慢、冬季续航时间短等风险。只有当农村居民认为新能源汽车具有更高的性价比，而且会带来收益时，才会对其有正面积极的态度，并尝试购买，由此提出以下假设。

假设 9：感知收益对农村居民的新能源汽车购买态度存在正向影响。

假设 10：感知收益对农村居民的新能源汽车购买意愿存在正向影响。

假设 11：感知风险对农村居民的新能源汽车购买态度存在负向影响。

假设 12：感知风险对农村居民的新能源汽车购买意愿存在负向影响。

三、研究设计

（一）变量测量

本研究总结以往学者对感知有用性、感知易用性、主观规范等变量的研究成果，借鉴成熟量表编制问卷，并根据新能源汽车具体情况对量表进行设计。设计过程包括初步设计、前测及修改定稿三个阶段。所有量表均为利克特量表（Likert scale），为确保问卷的可靠性和稳定性，通过面对面访谈在小范围内开展了预调查，收回有效问卷 28 份，并在 SPSSAU 中进行信度、效度检验，根据结果删除无效测量的题目，得到最终的测量题项，共 8 个潜变量 33 个题项（表8.1）。

表 8.1　变量及题项

潜变量	变量名称	题项	参考文献
感知有用性	感知有用性 1	新能源汽车能提高我的出行效率	[27–28]
	感知有用性 2	新能源汽车对我来说是有价值的	
	感知有用性 3	新能源汽车能够能节省我的时间、提高我的生产力	
感知易用性	感知易用性 1	新能源汽车使用起来比普通汽车更简便	[27, 29–30]
	感知易用性 2	我将能够灵活地使用新能源汽车	
	感知易用性 3	新能源汽车使用起来比普通汽车更复杂、更困难	
感知收益	价格因素 1	新能源汽车享受国家和地方的高额补贴和购置税的减免，它与普通汽车相比价格很划算	[13]
	价格因素 2	电费比油费便宜，因此它的使用成本低	
	情感收益 1	使用它会给我一种自豪感	
	情感收益 2	我认为使用它会让我收获赞赏	
	质量价值 1	它的操作性能稳定	
	质量价值 2	它的电池使用寿命长	
	品牌价值 1	我对新能源汽车品牌在公众中的知名度很满意	
感知风险	时间风险 1	搜寻产品和销售商的信息需要花费大量的时间	[13, 31–33]
	时间风险 2	充分了解新能源汽车的性能需要花费大量时间	
	财务风险 1	新能源汽车相关法律法规尚未齐全，使用中可能会被罚款	
	财务风险 2	新能源汽车相关基础配套设施不完善，会引起不必要的花费	
	身体风险 1	新能源汽车设计不完善，可能会出事故	
	身体风险 2	我担心新能源汽车存在潜在的电池安全问题，而购买时未能及时发现	
	功能风险 1	我担心所选择的汽车性能达不到我预想的结果	
	功能风险 2	我担心所选择的汽车性能没有宣传的那么好	
	社会心理风险 1	我担心在意的亲友认为购买新能源汽车并不理智	
	社会心理风险 2	我担心使用新能源汽车会降低自身的形象地位	
主观规范	主观规范 1	对我重要的人（如家人、朋友）会支持我购买新能源汽车	[30]
	主观规范 2	能影响我行为的人（如老师、同学或领导、同事）会赞成我购买新能源汽车	
	主观规范 3	我重视其观点的人（如专家、媒体）会赞成我购买新能源汽车	

续表

潜变量	变量名称	题项	参考文献
知觉行为控制	知觉行为控制1	我认为我可以控制使用新能源汽车	[30]
	知觉行为控制2	我认为我可以自主决定是否购买新能源汽车	
	知觉行为控制3	我认为我有资源、知识以及能力帮助我购买心仪的新能源汽车	
购买态度	购买态度1	使用新能源汽车是一个明智的选择	[30—34]
	购买态度2	使用新能源汽车是令人愉快的	
购买意愿	购买意愿1	下次购车时,我选择新能源汽车的可能性较大	[35—36]
	购买意愿2	我愿意在未来购买新能源汽车	

(二)数据收集与分析

正式问卷的发放于线上线下同时进行,从问卷发放至问卷截止为期1个月,共回收问卷数688份,除去数据缺失过多、填写时间过长或过短等无效问卷,共得有效问卷650份,有效率为94.5%。有效问卷数高于问卷量表题项总数的5倍,满足问卷调查法对样本数量的要求[37]。样本人口统计的具体结果如表8.2所示,被调查者中女性数量多于男性,占样本总量的58.6%,但男女占比相对均衡。就年龄和教育程度来看,以年轻人和中年人为主,教育程度较高,且与新能源汽车推广的目标人群匹配度较高。此外,数据显示,家庭月收入在5000元及以上的占86%,这是对被调查者购买力的了解。问卷在不同地级市农村地区的广泛发放也保证了数据的可代表性。这些数据的表现都保证了问卷的测量及数据回收的质量。

表8.2 描述性统计结果

项目	人口统计特征分类	样本数 / 人	占总样本比例 /%
性别	男	269	41.4
	女	381	58.6
年龄	25 岁以下	145	22.3
	25~34 岁	178	27.4
	35~44 岁	155	23.8
	45~54 岁	122	18.8
	55 岁及以上	50	7.7

项目	人口统计特征分类	样本数/人	占总样本比例/%
教育程度	小学及以下	51	7.8
	初中	89	13.7
	高中	85	13.1
	大专	83	12.8
	本科	309	47.5
	硕士	22	3.4
	博士及以上	11	1.7
家庭月收入	5000元以下	91	14.0
	5000~9999元	183	28.2
	10000~14999元	168	25.8
	15000~19999元	62	9.5
	20000~24999元	49	7.5
	25000~29999元	29	4.5
	30000元及以上	68	10.5

四、实证结果及分析

（一）信度分析

信度分析结果如表8.3、表8.4所示，感知有用性、感知易用性、感知收益、感知风险、主观规范、知觉行为控制、购买态度、购买意愿的Cronbach's α 为 0.83、0.661、0.843、0.831、0.813、0.694、0.666、0.801，全部变量的Cronbach's α 大于0.6，且大部分变量的Cronbach's α 大于0.8，表明量表的一致性程度较高，信度比较好。

表8.3　模型拟合指标

常用指标	χ^2	df	P	卡方自由度比 χ^2/df	GFI	RMSEA	RMR	CFI	NFI	NNFI
判断标准	—	—	>0.05	<3	>0.9	<0.10	<0.05	>0.9	>0.9	>0.9
实际值	2748.155	495	0	5.552	0.555	0.128	0.15	0.531	0.484	0.5
其他指标	TLI	AGFI	IFI	PGFI	PNFI	SRMR	AIC	BIC	—	—

续表

常用指标	χ^2	df	P	卡方自由度比 χ^2/df	GFI	RMSEA	RMR	CFI	NFI	NNFI
判断标准	>0.9	>0.9	>0.9	>0.9	>0.9	<0.1	越小越好	越小越好	—	—
实际值	0.5	0.496	0.534	0.49	0.454	0.128	24905.362	25145.022	—	—

表 8.4 变量的 Cronbach's α

变量	Cronbach's α
感知有用性	0.830
感知易用性	0.661
感知收益	0.843
感知风险	0.831
主观规范	0.813
知觉行为控制	0.694
购买态度	0.666
购买意愿	0.801

（二）效度分析

本研究运用 SPSSAU 进行结构效度、区分效度、组合效度等检验。通过 SPSSAU 分析，量表的 KMO 值为 0.884，意味着数据可以使用因子进行效度分析。

1. 结构效度

如表 8.5 所示，除 PGFI、PNFI 不符合判断标准外，大部分指标均达到检验标准，因而也可认为量表的结构效度总体良好。

表 8.5 模型拟合指标

常用指标	χ^2	df	P	χ^2/df	GFI	RMSEA	RMR	CFI
判断标准	—	—	>0.05	<3	>0.9	<0.10	<0.05	>0.9
值	395.651	161	0	2.457	0.937	0.051	0.042	0.962
其他指标	TLI	AGFI	IFI	PGFI	PNFI	SRMR	NFI	NNFI
判断标准	>0.9	>0.9	>0.9	>0.9	>0.9	<0.1	>0.9	>0.9
值	0.95	0.91	0.962	0.653	0.719	0.037	0.938	0.95

2. 聚合效度

如表 8.6 所示，绝大多数变量的标准荷载系数大于 0.7（有些变量下的子分析项的标准荷载系数小于 0.7，但与 0.7 相差不多，可以通过其他平行的分析项进行调节），且其 AVE 与 CR 指标（见表 8.7）均可通过检验，故通过聚合效度检验。

表 8.6 因子载荷系数

潜变量	分析项（显变量）	非标准载荷系数（Coef.）	标准误（Std. Error）	z 值	P 值	标准载荷系数（Std. Estimate）
感知有用性	A1	1	—	—	—	0.722
	A2	1.19	0.064	18.58	0	0.831
	A3	1.187	0.066	17.978	0	0.802
感知易用性	B1	1	—	—	—	0.745
	B2	0.921	0.058	16.003	0	0.661
感知收益	C21	1	—	—	—	0.778
	C22	1.01	0.053	18.955	0	0.802
	C31	0.85	0.048	17.69	0	0.751
	C32	0.813	0.051	15.99	0	0.685
感知风险	D32	1	—	—	—	0.746
	D41	0.973	0.059	16.42	0	0.775
	D42	1.107	0.066	16.676	0	0.84
主观规范	E1	1	—	—	—	0.777
	E2	0.975	0.053	18.28	0	0.781
	E3	0.929	0.053	17.482	0	0.748
知觉行为控制	F1	1	—	—	—	0.754
	F2	1.009	0.06	16.887	0	0.707
购买态度	G2	1	—	—	—	0.794
	G1	0.822	0.057	14.466	0	0.621
购买意愿	H1	1	—	—	—	0.858
	H2	0.855	0.044	19.47	0	0.771

表 8.7　模型 AVE 与 CR 指标

因素	平均提取方差值（AVE）	组合信度（CR）	因素	平均提取方差值（AVE）	组合信度（CR）
感知有用性	0.621	0.83	主观规范	0.591	0.813
感知易用性	0.494	0.661	知觉行为控制	0.531	0.694
感知收益	0.574	0.843	购买态度	0.502	0.666
感知风险	0.621	0.831	购买意愿	0.669	0.801

（三）假设检验

为了检验模型是否对于农村消费者的购买意愿是否有良好的解释力度，在此对模型解释度进行分析。主要通过相关系数（R^2）以及 t 检验、F 检验指标进行验证。R^2 越趋近于 1，说明解释力度越强。t 检验与 F 检验的指标大于临界值说明具有解释力度（表 8.8）。

表 8.8　变量相关性

自变量	因变量	非标准估计系数	标准误	z 值	P 值	标准估计系数	对应假设
购买态度	购买意愿	0.649	0.053	12.183	0	0.862	（1）购买态度对于购买意愿存在正向影响
感知有用性	购买态度	0.439	0.042	10.349	0	0.736	（2）感知有用性对于购买态度存在正向影响
感知有用性	购买意愿	0.515	0.048	10.687	0	0.72	（3）感知有用性对于购买意愿存在正向影响
感知易用性	购买态度	0.528	0.049	10.762	0	0.807	（4）感知易用性对于购买态度存在正向影响
感知易用性	购买意愿	0.595	0.055	10.866	0	0.759	（5）感知易用性对于购买意愿存在正向影响
主观规范	购买态度	0.547	0.047	11.693	0	0.87	（6）主观规范对于购买态度存在正向影响
主观规范	购买意愿	0.632	0.051	11.038	0	0.893	（7）主观规范对于购买意愿存在正向影响
知觉行为控制	购买意愿	0.63	0.052	12.232	0	0.902	（8）知觉行为控制对于购买意愿存在正向影响

自变量	因变量	非标准估计系数	标准误	z 值	P 值	标准估计系数	对应假设
感知收益	购买态度	0.525	0.05	10.543	0	0.725	（9）感知收益对于购买态度存在正向影响
感知收益	购买意愿	0.566	0.055	10.334	0	0.652	（10）感知收益对于购买意愿存在正向影响
感知风险	购买态度	0.063	0.036	1.738	0.082	0.097	（11）感知风险对于购买态度存在负向影响
感知风险	购买意愿	0.1	0.041	2.458	0.014	0.128	（12）购买风险对于购买意愿存在负向影响

假设 1 检验分析：购买态度对于购买意愿的标准估计系数为 0.862 且 P 值为 0，说明购买态度对于购买意愿有较强的正向影响。在 1% 的显著性水平下接受假设前提。用户的购买态度越强，购买意愿也越强烈。

假设 2 检验分析：感知有用性对于购买态度的标准估计系数为 0.736 且 P 值几乎为零，说明感知有用性对于购买态度在即使 1% 的显著性程度下也有较强的正向影响，接受假设前提。用户的感知有用性越强，购买态度也更积极。

假设 3 检验分析：感知有用性对于购买意愿的标准估计系数为 0.72 且 P 值为 0，说明感知有用性对于购买意愿有较强的正向影响。在 1% 的显著性水平下接受假设前提。用户的感知有用性越强，购买意愿也越强烈。

假设 4 检验分析：感知易用性对于购买态度的标准估计系数为 0.807 且 P 值为 0，说明感知易用性对于购买态度也有较强的正向影响。在 1% 的显著性水平下接受假设前提。用户的感知易用性越强，购买态度也更积极。

假设 5 检验分析：感知易用性对于购买意愿的标准估计系数为 0.759 且 P 值为 0，说明感知易用性对于购买意愿也有较强的正向影响。在 1% 的显著性水平下接受假设前提。用户的感知易用性越强，购买意愿也越强烈。

假设 6 检验分析：主观规范对于购买态度的标准估计系数为 0.87 且 P 值为 0，说明主观规范对于购买态度有较强的正向影响。在 1% 的显著性水平下接受假设前提。用户的主观规范越强，购买态度也更积极。

假设 7 检验分析：主观规范对于购买意愿的标准估计系数为 0.893 且 P 值为 0，说明主观规范对于购买意愿有较强的正向影响。在 1% 的显著性水平下接受假设前提。用户的主观规范越强，购买意愿也越强烈。

假设 8 检验分析：知觉行为控制对于购买意愿的标准估计系数为 0.902 且 P 值为 0，说明感知收益对于购买态度有较强的正向影响。在 1% 的显著性水平下接受假设前提。用户的知觉行为控制越强，购买意愿也越强烈。

假设 9 检验分析：感知收益对于购买态度的标准估计系数为 0.725 且 P 值为 0，说明感知收益对于购买态度有较强的正向影响。在 1% 的显著性水平下接受假设前提。用户的感知收益越大，购买态度也更积极。

假设 10 检验分析：感知收益对于购买意愿的标准估计系数为 0.652 且 P 值为 0，说明感知收益对于购买意愿有较强的正向影响。在 1% 的显著性水平下接受假设前提。用户的感知收益越大，购买意愿也越强烈。

假设 11 检验分析：感知风险对于购买态度的标准估计系数为 0.097 且 P 值为 0.082，说明感知风险在显著性水平为 1% 时则该标准估计系数不具备参考价值。当显著性水平为 1% 时，假设前提无法被拒绝，即假设前提可接受。

假设 12 检验分析：感知风险对于购买意愿的标准估计系数为 0.128 且 P 值为 0.014，当显著性水平低于 1% 时则该标准估计系数不具备参考价值，即在 1% 的显著性水平下前提假设无法被拒绝，即假设前提可接受。

从表 8.8 可以看出，在 1% 的置信度下，除假设 11 与假设 12 外，其余假设所涉及的各因子之间的协方差系数都是显著的。其他假设都认为各自变量之间存在正向影响，这与标准估计系数符号完全吻合。而假设 11 与假设 12 认为感知风险对于购买态度与购买意愿存在负向影响，这与标准估计系数不符合，同时也可以看到，这两个假设所对应的系数相较其他系数来说极小，这在一定程度上来说也表明了感知风险对于购买态度和购买意愿的正向影响极小，且在 5% 显著性程度下这两个系数便没有了参考价值。从系数数值也可以看出对于购买态度而言，主观规范对其的正向影响最为突出，而对购买意愿来说，知觉行为控制对其的正向影响最为突出，其次是购买态度。这也揭示了极为重要的一点结论：对于一位消费者来说，他自身的消费观念是他是否能够形成对于某项商品的购买意愿的最基础也是最关键的一环。根据以上图表的系数数据，将其归一化，得到变量之间的相关系数，如图 8.2 所示。

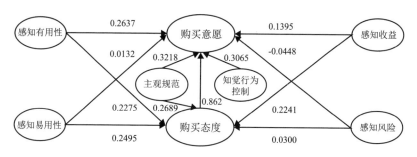

图 8.2　因素影响路径结果

五、研究结论与对策建议

（一）研究结论

经过数据分析，发现部分检验结果与假设不一致，各地区的购买态度及购买意愿指数存在一定的差异，进一步分析可得出以下结论。

（1）在农村居民进行新能源汽车购买决策的过程中，感知有用性、感知易用性、感知收益和主观规范与购买意愿存在显著的正相关关系，但感知风险对购买态度和购买意愿不存在显著的负相关关系。可见，尽管新能源汽车在农村尚处在推广的初步阶段，但交易环境的不确定性和消费者心理的风险预期尚未对农村居民的购买决策行为产生较大的阻碍作用；在风险和收益共同存在的前提下，来自时间、财务、身体、产品功能和社会心理方面的风险因素并不能作为新能源汽车在农村推广产生阻力的重要来源。

（2）知觉行为控制、感知易用性、感知有用性、感知收益与新能源汽车的购买意愿的正相关程度依次递减。对新能源汽车的农村潜在消费者来说，知觉力和控制信念越强，其购买意愿越强，其以往的驾驶经验、生活经验、交流经验和成本考量对其决策行为能够产生较大的作用。同时，农村居民的知觉力和控制信念都表现出较高的水平。在分析农村潜在消费者的购买意愿时，需着重考虑其以往的生活经验。

（3）感知易用性在 6 个因素内的评分均值（3.30）和极大值（3.60）均最低。这说明，在被调查群体看来，使用或学习新能源汽车需要耗费较高的额外精力。具体来看，农村地区的基础设施建设、宣传普及力度等方面的缺陷会给消费者带来更高的额外成本，农村消费者在操作和认知新能源汽车的过程中，需要做出有别于传统汽车的行为调整，付出额外的学习，这将削弱其购买、使用新能源汽车的简易程度，导致其购买意愿降低。

（4）新能源汽车在农村潜在消费者中所具备的情感价值（自豪感及社会责任感）仍有较大提升空间。由于农村居民的驾乘体验不足、政府及企业的宣传手段单一，农村潜在消费者对国家各项补贴优惠、税额减免、品牌声誉的感知程度都存在欠缺，对新能源汽车的质量、性能等方面仍存在一定的顾虑。

（5）购买意愿指数最高的地区，其感知易用性、知觉行为控制和主观规范方面的得分较高；购买意愿指数最低的地区，其感知易用性、感知收益和主观规范得分较低。通过对问卷测量评分进行线性拟合及数据代入，将得出的购买态度和购买意愿指数分为3个档次，档次越高，则该地区农村居民购买新能源汽车的意愿越高。

（6）农村潜在消费者所属的社会群体对其带来的社会压力是不得不考虑的一个方面。由于新能源汽车在农村的发展还处于初期阶段，其基础设施、产品和服务都有待完善，消费者存在强烈的观望心理，难免会受到具有社会导向、对其有重要影响力人物的观点的影响。如潜在消费者得到的大多数是负面反馈，则其购买意愿会大幅降低。

（二）对策建议

1.深度把握影响因素，合理制定推广政策

（1）以需求为导向，注重消费者应用场景的满足。研究表明，在制定新能源汽车推广政策时，要更多地考虑到农村消费者对新能源汽车的感知有用性，可适当减少感知易用性的凸显。例如，考虑到农村消费者对新能源汽车的适用特殊性，在农村地区更多地投放更适合客运和货运两用的中小型新能源汽车；完善农村地区充电桩建设分布，增加农村消费者充电便捷性；等等。

（2）以价值为依托，促进消费者感知收益的提升。根据量表分析结果，感知收益的提高要比感知风险的降低更能提高农村消费者的新能源汽车购买意愿。因此，在制定政策时，要更注重提高消费者的感知收益，如延长新能源汽车免费维修时限等。而在降低消费者的感知风险上，也可以通过加大新能源汽车政

策宣传，减少消费者在搜寻政策信息上花费的时间等方式实现。

（3）以引导为杠杆，激发消费者购买意愿的潜力。知觉行为控制和主观规范对于农村消费者新能源汽车的购买意愿影响分别高至28%和30%。由此，把握好农村消费者的知觉行为控制和主观规范，是一种更为有效的激励方式。在行为知觉控制上，可以给予农村消费者新能源汽车购买政策补贴，使其对新能源汽车的购买具有更大的选择权等。在主观规范上，可以选择形象正面阳光、具有较大社会影响力的人作为新能源汽车"下乡"活动代言人，影响消费者对新能源汽车的看法。

2. 广泛宣传提升认知，三管齐下助力"下乡"

（1）产品宣传是前提。调研发现，农村居民对新能源汽车的了解极为有限，对产品质量缺乏信心，且普遍存在里程焦虑和对维修保养方面的担忧。新能源汽车"下乡"的推进，对农村居民进行新能源汽车信息科普、宣传效果，组织企业集中开展新能源汽车试乘试驾活动，提升了农村居民对新能源汽车的驾乘体验和认知，营造了新能源汽车推广应用的浓厚氛围，解除了农村消费者的后顾之忧。

（2）政策发布做担保。政府的公信力是促进新能源汽车推广的最好的催化剂，而如何运用好这管催化剂十分重要。①要准确合理地把握农村消费者的心理，做出更能激发消费者购买需求的政策组合；②要让农村消费者充分了解新能源汽车的推广政策，使其对新能源汽车背后附带的政策优惠和政策便利有充足的认识，激发其对新能源汽车的购买意愿。

（3）舆论引导促推广。"信心比黄金更为珍贵"，只有消费者认可并愿意购买新能源汽车产品，其市场才有可能发展壮大。在现实调研中，相当一部分的受访者反映对新能源汽车的安全性抱有极大的怀疑，部分受访者也会存有"新能源汽车续航能力差"的固有印象。为此，在农村地区对新能源汽车的性能做一个较为强有力的推广普及具有较为重要的现实意义。

参考文献

[1] Gordon O E, Emine S. Car fuel-type choice under travel demand management and economic incentives[J]. Transportation Research Part D, 1998, 3(6): 429-444.

[2] Grazia C, Nicoletta C, Marco G. Price or performance? A probabilistic choice analysis of the intention to buy electric vehicles in European countries[J]. Energy Policy, 2018, 118(6): 19-32.

[3] Beatriz J, Blanca M, Roberto A. Analyzing consumer attitudes towards electric vehicle purchasing intentions in Spain: Technological limitations and vehicle confidence[J]. Technological Forecasting & Social Change, 2016, 109(8): 6-14.

[4] Takanori O, Tetsuya T, Shunsuke M. Effect of environmental awareness on purchase intention and satisfaction pertaining to electric vehicles in Japan[J]. Transportation Research Part D, 2019, 67(2): 503-513.

[5] Hamzah M I, Tanwir N S. Do pro-environmental factors lead to purchase intention of hybrid vehicles? The moderating effects of environmental knowledge[J]. Journal of Cleaner Production, 2020, 279(10): 123643

[6] 徐国虎, 许芳. 新能源汽车购买决策的影响因素研究 [J]. 中国人口·资源与环境, 2010, 20(11): 91-95.

[7] 叶楠, 周梅华, 张红红. 新能源汽车早期采用者特征识别 [J]. 江苏商论, 2011(11): 39-41.

[8] 殷正远, 王方华. 消费者对于新能源汽车购买意愿差异比较 [J]. 上海管理科学, 2013, 35(4): 15-19.

[9] 李创, 叶露露, 王丽萍. 新能源汽车消费促进政策对潜在消费者购买意愿的影响 [J]. 中国管理科学, 2021, 29(10): 151-164.

[10] 沈悦, 郭品. 基于网络外部性理论的新能源汽车消费偏好实证研究 [J]. 西安交通大学学报 (社会科学版), 2015, 35(3): 40-46.

[11] 祖明, 宫群, 杨武. 消费者环境价值导向与新能源汽车购买意愿关系研究 [J]. 企业经济, 2019(6): 21-27.

[12] 尹洁林, 张子芊, 廖赣丽, 等. 基于技术接受模型和感知风险理论的消费者新能源汽车购买意愿研究 [J]. 预测, 2019, 38(6): 83-89.

[13] 陈凯, 顾荣, 胡静. 基于感知收益—感知风险框架的新能源汽车购买意愿研究 [J]. 南京工业大学学报 (社会科学版), 2019, 18(2): 61-70, 112.

[14] 孙建军, 成颖, 柯青. TAM 与 TRA 以及 TPB 的整合研究 [J]. 现代图书情报技术, 2007(8): 40-43.

[15] 张锦，郑全全. 计划行为理论的发展、完善与应用 [J]. 人类工效学，2012，18(1): 77–81.

[16] 闫岩. 计划行为理论的产生、发展和评述 [J]. 国际新闻界，2014，36(7): 113–129.

[17] Jamal A, Sharifuddin J. Perceived value and perceived usefulness of halal labeling: The role of religion and culture[J]. Journal of Business Research, 2015, 68(5): 933–941.

[18] 刘晓君，刘浪，付汉良. 基于 TAM 和感知风险的城市居民再生水回用行为影响因素研究 [J]. 生态经济，2020，36(6): 102–106.

[19] Kim H, Chuan C H, Gupta S. Value–based adoption of mobile internet: An empirical investigation[J]. Decision Support Systems, 2005, 43(1): 111–126.

[20] De Medeiros J F, Duarte Ribeiro J L, Cortimiglia M N. Influence of perceived value on purchasing decisions of green products in Brazil[J]. Journal of Cleaner Production, 2016, 110(1): 158–169..

[21] Crespo A H, Bosque I. The influence of the commercial features of the Internet on the adoption of e–commerce by consumers[J]. Electronic Commerce Research & Applications, 2010, 9(6): 562–575.

[22] 田宗博，承前. 消费者新能源汽车购买意愿影响因素分析——基于 TPB 理论和 probit 模型的研究 [J]. 中国市场，2017(22): 95–99.

[23] Pool G, Schwegler A. Differentiating among motives for norm conformity[J]. Basic and Applied Social Psychology, 2007, 29(1): 47–60.

[24] Ueland Ø, Gunnlaugsdottir H, Hoi M F, et al. State of the art in benefit–risk analysis: consumer Perception[J]. Food and Chemical Toxicology, 2012, 50(1): 67–76.

[25] Ajzen I. The Theory of Planned Behavior[M]. Organizational Behavior and Human Decision Prcocesses, 1991, No.50.

[26] Fu J R, Ju P H, Hsu C W. Understanding why consumers engage in electronic word–of–mouth communication: Perspectives from theory of planned behavior and justice theory[J]. Electronic Commerce Research & Applications, 2015, 14(1–6): 616–630..

[27] Davis F D. Perceived usefulness, perceived ease of use, and user acceptance of information technology[J]. IT Usefulness and ease of use, 1989, 13(3): 319–340.

[28] Swansons E B. Management information system: Appreciation and involvement[J]. Management Sci. 1974. (21): 178–188.

[29] Cakmak A F, Benk S, Budak T. The acceptance of tax office automation system (VEDOP) by employees: Factorial validation of turkish adapted technology acceptance model (TAM)[J]. International Journal of Economics & Finance, 2011, 3(6): 107–116.

[30] 鲁耀斌，徐红梅. 技术接受模型及其相关理论的比较研究 [J]. 科技进步与对策，2005(10): 178–180.

[31] Agarwal S, Teas R K. Perceived value: Mediating role of perceived risk[J]. Journal of Marketing Theory & Practice. 2001, 9(4): 1−14.

[32] Lee K S, Tan S J. E−retailing versus physical retailing: A theoretical model and empirical test of consumer choice[J]. Journal of Business Research. 2003, 56(11): 877−885.

[33] 王伊默 . 基于消费者感知风险的新能源汽车购买意愿实证分析 [D]. 东北师范大学，2016.

[34] Yoon C. Theory of planned behavior and ethics theory in digital piracy: An integrated model[J]. Journal of Business Ehics, 2011(100): 405−417.

[35] Bagzzi R P, Lee K H, Loo M F V. Decisions to donate bone marrow: The role of attitudes and subjective norms across cultures[J]. Psychology & Health, 2001, 16(1): 29−56.

[36] Bobek D D, Hatfield R C. An investigation of the theory of planned behavior and the role of moral obligation in tax compliance[J]. Behavioral Research in Accounting, 2003, 15(1): 13−38.

[37] 吴明隆 . 统计应用实务—问卷分析与应用统计 [M]. 北京：科学出版社，2003: 23−24.

[38] 解茹玉，安立仁 . 创新特性对新能源汽车消费者采纳意愿的影响机制：个体创新性的调节作用 [J]. 当代经济科学，2020，42(5): 113−121.

[39] 李稚，刘泽，张磊 . 基于环境与心理因素对中国城市居民新能源汽车购买行为影响研究——聚焦天津市 [J]. 工业工程，2021，24(1): 104−110.

[40] 肖阳，薛寒欣，陶桂芬 . 领先顾客的消费者创新性对新能源汽车采用意愿的影响 [J]. 技术经济，2016，35(6): 50−58.

[41] 李进华，王凯利 . 基于 TAM 的微信信息流广告受众信任实证研究 [J]. 现代情报，2018，38(5): 66−73.

[42] Erdem C, Sentuerk I, Simsek T. Identifying the factors affecting the willingness to pay for fuel−efficient vehicles in Turkey : A case of hybrids[J]. Energy Policy, 2010, 38(6): 3038−3043.

[43] Nijhuis J, Saner V D B. Consumer−oriented strategies in new car purchasing[C]// Conference Proceedings: Workshop of the Sustainable Consumption Research Exchange Network. Cases in Sustainable Consumption and Production, 2007: 241−257.

[44] Dogan K, Martin W, Dominik M, et al. Market penetration of fuel cell vehicles−analysis based on agent behavior[J]. International journal of hydrogen energy, 2008, 33(16): 4444−4455.

[45] Schwoon M. A tool to optimize the initial distribution of hydrogen filling stations[J].

Transportation Research Part D, 2007, 12(2): 70–82.

[46] Coad A, Haan P D, Woersdorfer J S. Consumer support for environmental policies: An application to purchases of green cars[J]. Economics, 2009, 68(7): 2078–2086.

[47] 蔡宇涵. 电动汽车消费者特征和偏好研究——基于浙江省农村地区的调查研究 [J]. 价格理论与实践，2019(6): 164–167.

[48] 杨陆峰，尚金锁. 电动汽车下乡的必要性及效果预估分析 [J]. 汽车纵横，2020(6): 55–57.

[49] 巩建国，贾兴无，戴帅，等. 中国农村机动化发展状况及政策分析 [J]. 综合运输，2018, 40(9): 1–5，25.

[50] 张宇清，徐静. 山东农村地区传统汽车与新能源汽车消费情况的比较分析 [J]. 安徽农学通报，2020，26(10): 163–166.

[51] 王昶，吕夏冰，孙桥. 居民参与"互联网＋回收"意愿的影响因素研究 [J]. 管理学报，2017，14(12): 1847–1854.

[52] 劳可夫，吴佳. 基于 Ajzen 计划行为理论的绿色消费行为的影响机制 [J]. 财经科学，2013(2): 91–100.

[53] 蔡建林，周梅华，张红红. 低碳创新产品消费者采用意愿影响因素实证研究——以新能源汽车为例 [J]. 消费经济，2012，28(3): 23–26.

[54] 叶瑞克，倪维铭，朱方思宇. 我国新能源汽车分时租赁 SWOT 分析与发展策略——基于"补贴退坡"视角 [J]. 资源开发与市场，2020，36(12): 1374–1377.

[55] Pan Y, Zinkhan G M. Exploring the impact of online privacy disclosures on consumer[J]. Journal of Retailing, 2006, 82(4): 331–338.

[56] 杜家菊，陈志伟. 使用 SPSS 线性回归实现通径分析的方法 [J]. 生物学通报，2010, 45(2): 4–6.

[57] 鲁铁定，陶本藻，周世健. 基于整体最小二乘法的线性回归建模和解法 [J]. 武汉大学学报（信息科学版），2008(5): 504–507.

[58] 张景阳，潘光友. 多元线性回归与 BP 神经网络预测模型对比与运用研究 [J]. 昆明理工大学学报（自然科学版），2013，38(6): 61–67.

[59] 王惠文，孟洁. 多元线性回归的预测建模方法 [J]. 北京航空航天大学学报，2007(4): 500–504.

[60] 周晨，冯宇东，肖匡心，等. 基于多元线性回归模型的东北地区需水量分析 [J]. 数学的实践与认识，2014，44(1): 118–123.

[61] 杨月，沈进. 多元线性回归分析在人才需求预测中的应用 [J]. 商场现代化，2006(32): 33–34.

[62] Bauer R A. Consumer Behavior as Risk Taking[M]//Hancock R S. Dynamic marketing for a changing world. Chicago: American Marketing Association. 1960: 389–398.

[63] Bunningham S M. The major dimensions of perceived risk[C]//. Cox D F. Risk Taking and Information Handling in Consumer Behavior. Boston: Graduate School of Business Administration, Harvard University Press, 1967: 82-108.

[64] Woodruff R B. Customer Value: The next source for competitive advantage[J]. Journal of the Academy of Marketing Science, 1997, 25(2): 139-153.

第四篇

模拟预测篇

近年来，我国新能源汽车推广应用在"购车补贴"等政策推动下，规模快速扩张，产销量连续 7 年（2015—2021 年）世界第一。但是相关财税政策的合理性备受诟病，"车企骗补"更是凸显了财政补贴的依赖效应和挤出效应。2020年 4 月，财政部等四部委联合发布《关于完善新能源汽车推广应用财政补贴政策的通知》，明确 2020—2022 年补贴标准分别在上一年基础上退坡 10%、20%、30%。然而，"平缓退坡"或可延缓却无法根本阻止"后补贴时代"的到来。不同的补贴走向对新能源汽车产业发展及其推广应用会带来怎样的影响？是否能摆脱补贴依赖？如果能，则如何摆脱？如何判断成功摆脱？上述问题，亟待解答。

再则，近年来，作为新能源汽车最为关键零部件之一，动力电池数量迅速增长，多数动力电池或将在新能源汽车报废之前便面临退役问题。退役动力电池的损耗为其容量的 20%~30%，远低于被认为达到寿命终点的 70%~80%；同时，动力电池含有大量重金属及有害物质，若处置不当，既浪费资源，也威胁着环境和人类健康。退役动力电池的回收再利用，事关技术的经济性和政策的合理性，以及这两者与动力电池退役量之间的契合性。因此，对新能源汽车动力电池的退役规模进行预测意义重大。

本篇共两章，分别对新能源汽车购置补贴退坡的政策模拟和动力电池的预测仿真两个方面展开讨论。

第九章

补贴退坡的政策模拟

面对当前日益严峻的环境污染和能源安全问题，交通领域尤其是汽车行业巨大的能源消耗及其污染物排放和碳排放问题愈发受到人们的关注[1-2]，汽车工业迫切需要改革和转型[3]。与传统汽车相比，新能源汽车可提供灵活的电力消耗和存储，有利于消纳风电和其他不够稳定的可再生能源电力[4]，保证电力系统的灵活性和弹性[5]，同时减少碳排放[6]，具有显著的节能环保优势[7]，广泛采用新能源汽车可有效解决能源供给的清洁、安全和可持续问题[8-11]。因此，早在 2009 年，《中美联合声明》就倡议加强新能源汽车的推广应用，将其提升至中美两个大国间战略合作的高度，欧盟也将其作为达成能源和气候政策目标的核心议题[12]。新能源汽车推广应用及其可持续性已然成为一个全球性议题，是各国政府应对全球气候变化和大气治理工作的重点领域[13]。

一、我国新能源汽车发展及补贴概述

近年来，新能源汽车作为中国《"十三五"国家战略性新兴产业发展规划》[14]的五大领域和《中国制造 2025》[15]的十大产业之一，其推广应用一直备受各级政府的重视，被当成保障能源供给、节能减碳和治理城市大气污染的重要手段之一。中国主要通过积极的供需调节和高效的行政管理来促进新能源汽车的销售和扩散[16]，在示范试点城市和补贴政策推动下，中国新能源汽车推广应用取得了一些"量"的成果：保有量增加、企业增加、品牌与车型增多，我国新能源汽车已连续 7 年产销量全球第一，且 2021 年我国新能源汽车出口 31 万辆，同比增长 3 倍，实现了"量"的迅速扩张。但是，中国新能源汽车推广应用在其发展过程中也伴随着一些"质"的困境：①电池等核心技术有待突破，整车生产水平有待提高；②技术标准有待统一[17]，路线之争仍在继续；③财政压力尾大不掉，一补蜂拥而上，不补偃旗息鼓，"车企骗补"行为难以杜绝[17-18]；④中央政策落地艰难，政策配套举措不系统[19]；⑤商业模式有待创新，私人购买意愿有待激发[20]；⑥充换电基础设施闲置，维修维护体系不健全[21]，安全事故时有发生[21-23]。

"质"与"量"呈现巨大反差的根源在于，中国的新能源汽车推广应用呈现出显著的"补贴推动"特征[24]，或者说过于依赖财政补贴。虽然中国政府根据新能源汽车推广应用的不同阶段的需求差异，制定了差异化的购置补贴标准，但是相关财税政策制度设计的合理性和可持续性仍备受诟病。随着规模扩增，巨额的补贴金额加重了各级政府的财政压力[25]，"车企骗补"行为更是凸显了财政补贴的依赖效应和挤出效应[26]（表9.1）。

表9.1 新能源汽车骗补情况

骗补方式		骗补数据	
		数量/辆	金额/万元
有牌无车	虚报车辆合格证和产量，未生产即已上牌及申请补贴	3547	101021
有车缺电	电动汽车未按有关规定安装电池及关键零部件；电池重复拆装利用以申请补贴	19158	187510
标实不符	电动车辆的实际技术参数、配置和性能指标与有关规定不一致；提供虚假技术参数、虚假推广信息等骗取财政补助资金	1893	33949
前端闲置	车辆符合出厂标准，但出售对象是关联企业而非终端用户且车辆闲置	30414	169767
终端闲置	车辆交付给终端用户但用户未提车或用户已提车但未实际运行使用，以及车辆处于返厂闲置状态	21362	434826
合计		76374	927073

数据来源：新能源骗补完整名单泄露 72 家车企狂骗 92 亿 [EB/OL].(2016-09-13)[2018-09-20]. http://auto.sohu.com/20160913/n468352167.shtml.

注：2016年9月8日，财政部对外通报了2016年初对93家新能源汽车生产企业的专项检查结果，发现72家企业骗补，占比为77.4%，平均1.2亿元/家，12万元/辆；5家骗补大户（苏州吉姆西、苏州金龙、深圳五洲龙、贵州奇瑞万达和河南少林）共4350辆，骗补12亿元，平均2.4亿元/家、28万元/辆。

因此，近年来新能源汽车补贴逐年降低，补贴标准和门槛日趋严苛，可见，财政补贴政策的逐步退出是大势所趋[27-28]。2017年9月工业和信息化部等发布

的《乘用车企业平均燃料消耗量与新能源汽车积分并行管理办法》[①] 和 2016 年
8 月国家发展改革委发布的《新能源汽车碳配额管理办法》(征求意见稿)[②] 更
是进一步凸显了中国政府将市场机制引入新能源汽车推广应用领域的决心。那
么中国的新能源汽车推广应用是否可能摆脱补贴？如何摆脱？如何判断成功摆
脱？补贴退坡后目标[③] 能否实现？显然，如何通过合理的制度设计和政策工具
选择以解决上述问题，亟待研究。

二、国内外研究现状与评介

近年来，新能源汽车推广应用及其补贴政策的研究一直备受学界关注，研
究成果逐年增多。中文数据库 CNKI 搜索发现（图 9.1），早在 1995 年，国内就
有学者关注新能源汽车购买的补贴政策，在 2009 年，即国家推出城市示范试
点工作前后，相关研究出现井喷，到 2017 年相关文献达到 828 篇（新增），仅
2018 年 1—10 月就达 548 篇，累计 4893 篇。

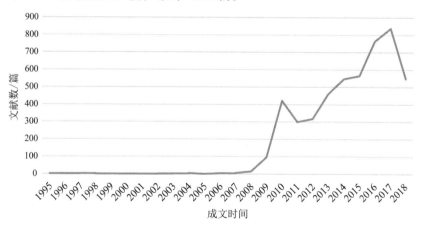

图 9.1　中文数据库文献检索结果

① 《乘用车企业平均燃料消耗量与新能源汽车积分并行管理办法》于 2017 年 8 月 16 日工信部第 32 次部
务会议审议通过，并经财政部、商务部、海关总署、质检总局审议同意并公布。本办法共八章四十条，自
2018 年 4 月 1 日起施行。2020 年由工业和信息化部、财政部、商务部、海关总署、国家市场监督管理总局
令第 53 号修订。
② 该办法对汽车企业实行"碳配额"进行了较为明确的规定。在新能源汽车财政补贴政策退坡之际，"碳
配额"管理办法被认为是对汽车市场更有力的管理措施，但截至当前该办法仍未正式发布。
③ 根据《中国节能与新能源汽车产业规划（2011—2020）》，2020 年新能源汽车推广应用的目标为 500 万辆，
若按 70% 比例，乘用车约为 350 万辆。

　　研究伊始，相关研究成果主要集中在国外新能源汽车购置补贴的政策推介，并为我国出台相关政策提出了诸多建议。王英斌[29]详细介绍了法国政府鼓励购买电动汽车的补助制度，内容涉及个人、运营公司、电力公司、环境部门和电动汽车研究机构等；曾耀明等[30]通过对比中外政策，认为国家出台的扶植政策是推动新能源汽车产业发展的直接动力；徐鹏[31]认为新能源汽车实现跨越式发展的关键是政策，政府补贴政策能降低新能源汽车购置成本和使用成本，使对价格敏感的消费者更能接受；钟太勇等[32]通过一个动态的、非合作多方博弈模型研究发现，对购买新能源汽车者提供必要的支持，可扩大新能源汽车的市场份额。

　　随着示范试点工作和购置补贴政策的推进，相关研究开始对补贴政策成效进行评估。唐葆君等[33]应用固定效应模型和回归模型研究发现，激励政策与中国新能源汽车补贴试点城市的混合动力汽车市场份额之间存在正相关性。李泉等[34]通过汽车上市公司的财务数据实证研究得出，增加政府补贴将有效促进新能源汽车的发展；张学龙等[35]应用 Shapley 值方法研究发现，政府对消费者补贴的增加使得出厂价格、销售价格和销售量都增加；Sierzchula 等[36]针对 30 个国家电动汽车市场的实证分析发现，财政奖励、地方生产设施和充电基础设施对消费者购买的影响较大；谢旭轩等[37]认为目前我国实时的新能源汽车财政政策过于单一，并且补贴标准非常低，退坡机制会打击生产者和消费者的信心；李晓英等[38]认为应加大补贴力度，并完善新能源汽车的政府采购制度。

　　随着补贴溢出效应和依赖效应等负面效应的显现[27]，一些学者开始对补贴政策进行反思。张永安等[39]认为购置补贴政策并没有触及消费者的真正需求，且滋生了企业采取"骗补"方式快速获得收益的念头，严重违背政策初衷；郑敬高等[40]采用均衡模型研究发现，地方政府对新能源汽车实施补贴，是一种具有地方保护色彩的歧视性政策，制造了行业垄断，并形成了租金；邵慰等[41]应用一般财务数据处理的线性方程实证研究发现，强度较高的"生产补贴"研发激励效用远低于强度较低的"研发补贴"，两种政府补贴方式都符合边际效用递减规律。

　　相关研究成果也提出了一些购置补贴政策的优化策略。曹飞韶等[42]通过构建补贴信号博弈模型研究发现，信息不对称提升了企业获得补贴的动机，提高企业投机和被发现的风险成本是实现市场完全成功均衡的关键;范如国等[43]综合考虑新能源汽车成本、充电桩建设情况、消费者初始效用、中央政府补贴等因素对地方新能源汽车推广的影响,构建了地方政府为实现既定新能源汽车推广目标的最优补贴策略模型,并提出可依据新能源汽车成本下降、充电设施逐步完善、消费者初始效用提升等因素变化,对补贴进行适当退坡;孙红霞等[44]认为政府应根据新能源汽车市场实际表现设定合理的补贴水平和补贴退坡速度,并在补贴的同时设立专业的检查小组,采取积极的监管措施,及时发现"骗补"企业并处以较高的罚金。

随着近年来购置补贴逐渐退坡,一些学者开始关注"后补贴时代"的新能源汽车购置补贴的替代策略研究。郭燕青等[45]认为技术进步对新能源汽车推广应用的影响大于经济补贴政策;He[46]认为突破关键技术难题,逐步提高电池续航里程和使用寿命以降低技术成本,是促进新能源汽车推广应用的有效措施;Sen[47]认为碳税、"双积分"政策、碳配额制度三者都可有效,Langbroek[48]认为对传统内燃机汽车的限制政策可有效提升新能源汽车的供给水平,将成为政府补贴的有效替代举措;Li[49]认为政企合作可减轻地方政府的财政压力;陈清泉[50]认为应形成新能源汽车智能化、平台化、互联化的创新发展格局;Skippon等[51]认为新能源汽车的性能与质量、智能电网建设和基础设施建设的完善程度、充换电标准的统一及充换电设施共享,或将比价格更能影响消费者的购买决策;郭燕青等[45]认为一些以消费者为导向的政策设计,如不禁止通行、免费车牌、进入公交车专用道、停车优惠等,可降低使用成本进而刺激消费者需求;郑月龙等[52]认为消费者节能偏好支付意愿及共性技术研发是补贴退坡背景下更具根本性的新能源汽车产业健康发展驱动力量;Nie[53]建模分析指出,建立充电站要比对购买补贴更有效率;张建斌等[54]通过对补贴负面效应的解读,定性分析了补贴退坡的预期影响;马亮等[55]建立了新能源汽车绿色度、政府补贴和准入限制的三阶段博弈模型,提出了补贴退坡的替代机制。

综上所述,学者们在购置补贴政策的推介、评估及优化等方面进行了广泛而深入的研究,对"后补贴时代"的替代策略也开始有所关注。其中,政策评估及替代策略的相关研究成果还表明新能源汽车推广应用的影响因素数量多、涉及面广。现有研究对某单个因素的独立分析相对较多,但对多因素的内在联系和交互作用的研究相对较少；且圄于方法学的限制，因素涵盖不够全面，将众多要素置于一个模型中的全面系统的综合分析较为缺乏，且尚未对"后补贴时代"的补贴退坡政策进行定量模拟和实证分析，相关替代策略的科学性也尚待深化。鉴于此，本研究在文献梳理的基础上，创新性地构建了中国新能源汽车推广应用的"内源驱动"理论模型，并将其视为一个包含诸多因素的自我为导向型复杂系统，引入系统动力学理论（SD）及其分析软件对补贴退坡政策进行动态仿真，探讨补贴退坡的预期影响，检验补贴退坡政策的合理性和科学性，进而探讨"后补贴时代"新能源汽车推广应用补贴替代策略的制度设计和政策工具选择。

三、研究方法与数据来源

（一）"内源驱动"理论模型

突破新能源汽车推广应用面临着的诸多困境，绝不可能仅凭"政府补贴"解决，而是多要素系统作用的结果。在文献梳理的基础上综合分析发现，新能源汽车推广应用取决于四个一级因素：基础资源、需求条件、配套举措和模式创新（图9.2）。这四大因素并不是独立地发挥作用，而是相互影响，并最终形成一种"内源驱动"的能力。每一因素还可进一步分解为若干子变量，如政策扶持力度、基础设施建设规模与合理性、汽车产业尤其是新能源汽车产业发展水平及相关企业的竞争力、商业模式创新、环境保护压力等（表9.2）。

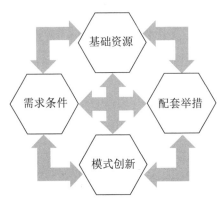

图 9.2　新能源电动汽车推广应用的"内源驱动"理论模型

①基础资源。新能源汽车推广应用面临多种制约因素，其中最为关键的是技术瓶颈，包括电池寿命、续航里程及安全性。因此，一个具有一定规模且良性发展的新能源汽车产业，一批拥有核心技术的高水平企业，将对新能源汽车的推广应用起到重要作用。②需求条件。需求是新能源汽车推广应用的市场基础。一个包括购置补贴在内的合理的财政补贴政策框架[56]，一个国家或城市面临的大气治理等环保压力、能源费用压力、消费者经济水平、传统汽车限购限行政策、社会舆论引导等，都将对需求条件产生作用。③配套举措。充换电基础设施、维修维护系统、不限牌不限行政策等配套措施，对于减轻消费者的里程焦虑，增进用车便捷性，从而提高对新能源汽车的认可度和接受度具有非常重要的作用。在北京、上海、杭州等诸多城市对内燃机汽车限牌和限行的背景下，配套举措将比新能源汽车的价格更能影响消费者的购买决策。④模式创新。虽然新能源汽车推广应用对整个社会具有正外部性，但新能源汽车充换电设施前期建设和后期运营都需要高昂的成本，在关键技术仍未取得突破的背景下，一个灵活变通的、具有创新性的、优秀的商业模式或推广模式以及社会资本的加入，将实现新能源汽车市场规模的快速扩张，从而有效降低成本，实现商业化。

表 9.2　新能源汽车推广应用的"内源驱动"理论模型的分析框架

一级因素	定义	二级因素
基础资源	新能源汽车推广应用有关资源方面的基础条件	新能源汽车产业企业发展水平[17-18]、产业投资规模[18]、新能源汽车技术创新投入[18, 26]、专利数[26]、道路承载空间[57]等
需求条件	城市或公众对新能源汽车推广应用的需求情况	财税政策[30-32]、环保压力[20]、传统汽车保有量[25]、汽油/柴油价格[48]、消费者购买力水平[51]、传统汽车限购限行政策[45, 48]、社会舆论引导[57]等
配套举措	与新能源汽车推广应用紧密关联或具备驱动效应的相关配套举措	充换电基础设施建设水平[51, 53]、维修维护系统建设及其他配套政策措施[20, 51]（如：不限行限号、停车优惠、专用停车位、社区停车设施建设支持）等
模式创新	新能源汽车推广应用模式的创新性和灵活性	推广方式的多样性[20]、商业模式的创新性[17, 20]、社会组织和社会资本的参与[55]等

（二）SD 模型构建

系统动力学（system dynamics，SD）是一门研究系统动态复杂性的科学，它以反馈控制理论为基础，以计算机仿真技术为手段，强调系统行为主要由系统相关因素及其内部运行机制决定，定性和定量地分析研究系统结构功能与动态行为的内在关系，从而找出解决问题的对策[58]。本研究引入 SD 理论和方法，运用 Vensim DSS 软件，基于"内源驱动"的理论模型，将新能源汽车保有量、充电桩数量、传统汽车保有量转化为水平变量，同时将充电桩增长量、新能源汽车新增量、新能源汽车减少量、传统汽车增加量设置为相关速率变量，其余为辅助变量，建立了新能源汽车推广应用的 SD 模型（图 9.3）。为了简化研究问题，同时基于乘用车的普遍性和广泛性，模型中的新能源汽车及传统汽车以乘用车①为主要研究对象。

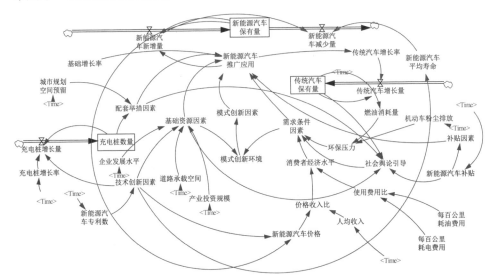

图 9.3　新能源汽车推广应用的 SD 模型

鉴于数据的可获得性，本研究将模型 INITIAL TIME 设置为 2011 年，现值为 2011—2017 年，预测 FINAL TIME 设置为 2025 年，步长为 1，单位为年。本研究根据新能源汽车应用"内源驱动"概念模型的结构特点及因素特征，在参阅

---

① 根据《汽车和挂车类型的术语和定义》（GB/T 3730.1—2001）2.1.1.1 至 2.1.1.10，新能源乘用车为最大设计总质量不超过 3500 千克的车辆。

相关文献后通过相关方法对方程与参数进行初始设定，并通过多次仿真对参数进行调整。为了检验构造模型与实际系统之间的吻合程度，笔者以新能源乘用车新增量为目标，将仿真结果与真实结果进行比较，即模型有效性检验。如表9.3 所示，误差率均位于 10% 以内 [59]，可以判断模型有效。

表 9.3　实际值与估计值比较

年份	新能源乘用车新增量		
	实际值 / 万辆	初始值或估计值 / 万辆	误差率 /%
2011	0.23	0.23	—
2012	0.68	0.64	−5.89
2013	0.96	1.02	6.72
2014	5.45	4.95	−9.23
2015	20.64	19.81	−4.01
2016	32.08	30.86	−3.80
2017	59.20	62.09	4.88
合计	119.24	119.60	0.30

（三）数据来源

本模型构建及分析时所使用的新能源汽车相关数据（如充电桩数量、新能源汽车保有量、传统汽车保有量、产业投资规模等）来源于《节能与新能源汽车发展报告》（2016—2018）（中国工信出版集团、人民邮电出版社）、《节能与新能源汽车年鉴》（2016—2017）（中国经济出版社）及中国汽车技术研究中心数据资源中心数据库，环保压力相关数据来源于中国生态环境状况公报（2012—2017），其他辅助变量的数据（如人均收入、道路承载空间、城市规划空间预留等）来源于《中国统计年鉴》（2016—2017）（中华人民共和国国家统计局）、工业和信息化部网站及其他公开资料。

四、政策仿真结果及分析

（一）补贴政策推动效应显著，且无论何种情境增长趋势不变

本研究设置了 3 个补贴情境，即当前补贴额度（图 9.4 曲线 1）、补贴分别

降低 20%、40%、60%、80%（图 9.4 曲线 2—5），和补贴取消（图 9.4 曲线 6）进行了仿真。结果发现：①所有情境下新能源汽车保有量虽各有不同（图 9.4），但都呈现上升趋势，说明不论补贴如何退坡，新能源汽车保有量的增长态势不会改变；②预测值在补贴情境高于补贴退坡情境，并和补贴退坡正相关，说明车辆购置补贴的推动效应确实十分显著。

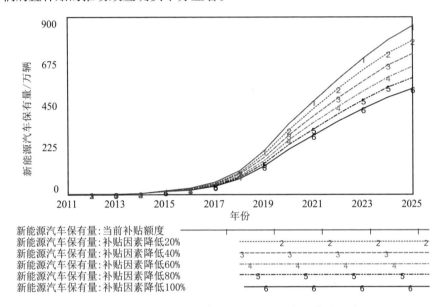

图 9.4 不同补贴标准情境下新能源汽车保有量仿真

（二）一级因素皆具正效应且叠加效应显著，配套举措为关键因素

本研究将各因素的增长速度分别设置为比历史趋势预估情境高 20%，共计 6 种情境，即当前情境、基础资源上升 20% 情境、需求条件上升 20% 情境、配套举措上升 20% 情境、商业模式上升 20% 情境和四要素皆上升 20% 情境，如图 9.5 所示。仿真可得：①四个一级因素都具有显著的正向效应，且叠加效应更为显著（如图 9.5 曲线 2 相较于其他曲线斜率更大）；②配套举措因素较其他因素对新能源汽车推广应用影响效应最为突出（图 9.5 曲线 3），其次为需求条件（图 9.5 曲线 6）、基础资源（图 9.5 曲线 4）和模式创新（图 9.5 曲线 5）。由此可见，从长期看，补贴政策完全可以在配套举措等领域找到可资替代的政策或举措。

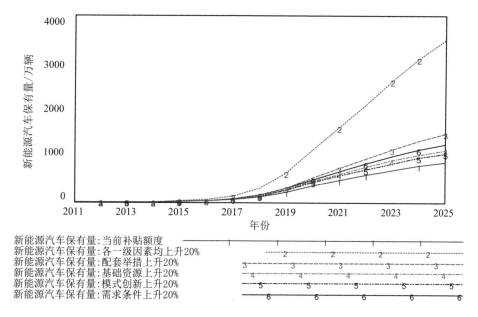

图 9.5 各一级因素变迁情境下的仿真结果

（三）补贴政策退坡有难度，但仍具可行性

从长期来看，购车补贴等相关财政补贴的退出是必然的，也是必要的，原因有三。①巨额的财政补贴难以为继。②补贴的依赖效应和挤出效应会消解市场在资源配置中的决定性作用。然而，补贴退出后新能源汽车推广应用能否继续保持稳定态势也是一个问题。③在剔除补贴情境下，2020 年新能源汽车的预测值为 200 万辆，考虑到累计产销量一般说来要大于保有量，以及 2017 年新能源汽车中乘用车的所占比例（73.09%），达成《中国节能与新能源汽车产业规划（2011—2020）》的目标 500 万辆（按 70% 比例，乘用车为 350 万辆），确实存在一定差距。但是，若有一个具有稳定预期的渐进退坡的购置补贴政策，加之政府购买、传统燃油汽车的限牌限号政策、汽车共享（互联网分时租赁）等因素，仍然很有可能达成该目标。这也证明中国当前实行的补贴逐渐退坡的政策是切实合理的。剔除补贴因素并将其他因素上浮 10% 的情境（图 9.6 曲线 2）仿真发现，2020 的预测数据基本达到了 350 万辆乘用车的推广目标。

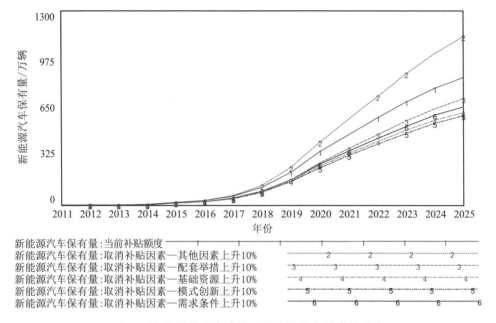

新能源汽车保有量:当前补贴额度
新能源汽车保有量:取消补贴因素—其他因素上升10%
新能源汽车保有量:取消补贴因素—配套举措上升10%
新能源汽车保有量:取消补贴因素—基础资源上升10%
新能源汽车保有量:取消补贴因素—模式创新上升10%
新能源汽车保有量:取消补贴因素—需求条件上升10%

图 9.6 取消补贴因素情境下新能源汽车保有量仿真

五、结论与建议

(一)研究结论

本研究基于新能源汽车推广应用的"内源驱动"的概念模型,构建了 SD 模型,通过仿真研究,发现结果如下。①补贴政策的推动效应显著,但不论补贴如何退坡,新能源汽车保有量的增长趋势不会改变。②"后补贴时代"中国的新能源汽车推广应用"内源驱动"有赖于相关因素之间相互作用与叠加效应;配套举措的影响效应大于其他因素,其他因素依次为需求条件、基础资源和模式创新。③补贴政策退出难度颇大,但仍具备一定的可行性,购车补贴可以在其他因素中寻求替代政策方案,即使补贴完全退出后中国也能基本实现预定目标。综上所述,在"后补贴时代",补贴因素作用将逐渐减小并最终归零,其他因素如基础设施完善、关键技术进步、产业水平提升以及商业模式创新的推动效应将更加显著,从而刺激消费需求,提高市场化水平,中国的新能源汽车推广应用将摆脱补贴依赖,进入后补贴时代的内源驱动模式。

（二）政策建议

首先，"内源驱动"能力的培育与提升应成为新能源汽车推广应用政策工具选择的关键准则，决策者们应把握不同政策之间的关联性和政策的预见性，找到具有长期稳定预期的政策工具的最优组合方案，以实现多因素交互的"内源驱动"。

其次，财政补贴不失为一种有效的政策工具，但仍应遵循"内源驱动"准则，做到适时、适点、适度。鉴于其不可持续性，应坚持购置补贴适时退坡，在明确补贴取消时间点的同时采取逐渐退坡模式，以稳定消费者和车企的预期，予以两者充足的适应期；保持中央补贴和地方补贴退坡水平和步骤的一致性；转变补贴方式，从销售环节向使用环节转移，如按实际行驶里程进行补贴；财税政策应逐步向电池技术等共性技术研发、用地规划、智能电网建设和充换电基础设施建设等领域转移。

最后，政府应出台传统汽车限制性政策作为车辆购置补贴的政策替代，如传统汽车限行限牌政策，减少石油行业补贴，提高燃油标准、排放标准、燃油价格，完善新能源汽车积分管理制度，加快实施汽车行业碳配额管理制度，提升新能源汽车的市场竞争力。借助互联网科技，加强商业模式创新，以消解里程忧虑，加大充换电设施及维修维护体系建设、新能源汽车停车优惠、专用充电停车位等配套措施的力度，同时加强社会舆论引导，培育市场需求，形成需求导向市场内生成长机制。

本研究虽然是关于新能源汽车购置补贴政策退坡的动态仿真，但其理论模型、分析框架、SD 建模方法，或可给予其他类似领域的政策仿真研究一些方法学上的借鉴经验。如风电、光伏发电等新能源开发与利用领域也同样存在财政补贴政策退坡的问题；传统油气行业也存在如何减少财政补贴的问题。同时，相关的研究结论和政策建议或许对这些领域也有一定的参考借鉴价值。

参考文献

[1] Yin X, Chen W Y, Eom J Y, et al. China's transportation energy consumption and CO_2, emissions from a global perspective[J]. Energy Policy, 2015, 82(1): 233–248.

[2] Kumar M S, Revankar S T. Development scheme and key technology of an electric vehicle: An overview[J]. Renewable & Sustainable Energy Reviews, 2016, 70: 1266–1285.

[3] Wang Y F, Li K P, Xu X M, et al. Transport energy consumption and saving in China[J]. Renewable & Sustainable Energy Reviews, 2014, 29(7): 641–655.

[4] Peng M, Liu L, Jiang C. A review on the economic dispatch and risk management of the large–scale plug–in electric vehicles (PHEVs)–penetrated power systems[J]. Renewable & Sustainable Energy Reviews, 2012, 16(3): 1508–1515.

[5] Juul N. Battery prices and capacity sensitivity: Electric drive vehicles[J]. Energy, 2012, 47(1): 403–410.

[6] Hawkins T R, Singh B, Majeau - Bettez G, et al. Comparative environmental life cycle assessment of conventional and electric vehicles[J]. Journal of Industrial Ecology, 2013, 17(1): 53–64.

[7] Arar J I. New directions: The electric car and carbon emissions in the US[J]. Atmospheric Environment, 2010, 44(5): 733–734.

[8] Borén S, Nurhadi L, Ny H, et al. A strategic approach to sustainable transport system development – Part 2: The case of a vision for electric vehicle systems in southeast Sweden[J]. Journal of Cleaner Production, 2017, 140: 62–71.

[9] Steinhilber S, Wells P, Thankappan S. Socio–technical inertia: Understanding the barriers to electric vehicles[J]. Energy Policy, 2013, 60(6): 531–539.

[10] Nienhueser I A, Qiu Y. Economic and environmental impacts of providing renewable energy for electric vehicle charging – A choice experiment study[J]. Applied Energy, 2016(180): 256–268.

[11] Brady J, O'mahony M. Development of a driving cycle to evaluate the energy economy of electric vehicles in urban areas[J]. Applied Energy, 2016(177): 165–178.

[12] Nilsson M, Nykvist B. Governing the electric vehicle transition – Near term interventions to support a green energy economy[J]. Applied Energy, 2016(179): 1360–1371.

[13] He X, Wu Y, Zhang S, et al. Individual trip chain distributions for passenger cars: Implications for market acceptance of battery electric vehicles and energy consumption by plug–in hybrid electric vehicles[J]. Applied Energy, 2016(180): 650–660.

[14] 中华人民共和国国务院. 中国 "十三五" 国家战略性新兴产业发展规划 [EB/OL].(2016–12–19)[2018–09–12]. http://www.gov.cn/zhengce/content/2016–12/19/content_5150090. htm.

[15] 中华人民共和国国务院. 关于印发《中国制造 2025》的通知 [EB/OL].(2015-05-19) [2018-09-12]. http://www.gov.cn/zhengce/content/2015-05/19/content_9784.htm.

[16] Ma S C, Fan Y, Feng L, et al. An evaluation of government incentives for new energy vehicles in China focusing on vehicle purchasing restrictions[J]. Energy Policy, 2017, 110: 609-618.

[17] International Energy Agency. Global ev outlook 2018[R]. France: IEA, 2018.

[18] 罗兰贝格汽车行业中心, 亚琛汽车工程技术有限公司. 2018 年全球电动汽车发展指数 [R]. 2018.8.

[19] Zhang X, Bai X. Incentive policies from 2006 to 2016 and new energy vehicle adoption in 2010-2020 in China[J]. Renewable & Sustainable Energy Reviews, 2017, 70: 24-43.

[20] 叶瑞克, 朱方思宇, 范非, 等. 电动汽车共享系统 (EVSS) 研究 [J]. 自然辩证法研究, 2015(7): 76-80.

[21] 第一电动网. 2016 年新能源汽车起火事故全面盘点 [EB/OL]. [2017-01-05]. http://www.in-en.com/article/html/energy-2258654.shtml.

[22] 第一电动网.2017 年上半年电动汽车起火事故盘点 [EB/OL]. [2017-01-05]. https://www.qctt.cn/news/182334.

[23] 电动汽车资源网. 2018 上半年电动汽车起火事故盘点 [EB/OL]. [2018-06-09]. http://nev.ofweek.com/2018-06/ART-71005-8420-30239200.html.

[24] Wang N, Pan H, Zheng W. Assessment of the incentives on electric vehicle promotion in China[J]. Transportation Research Part A Policy & Practice, 2017(101): 177-189.

[25] 唐葆君, 刘江鹏. 中国新能源汽车产业发展展望 [J]. 北京理工大学学报 (社会科学版), 2015(2): 1-6.

[26] 刘兰剑, 赵志华. 财政补贴退出后的多主体创新网络运行机制仿真——以新能源汽车为例 [J]. 科研管理, 2016, 37(8): 58-66.

[27] Zhang X, Liang Y, Yu E, et al. Review of electric vehicle policies in China: Content summary and effect analysis[J]. Renewable & Sustainable Energy Reviews, 2017(70): 698-714.

[28] Greene D L, Park S, Liu C. Public policy and the transition to electric drive vehicles in the U.S.: The role of the zero emission vehicles mandates[J]. Energy Strategy Reviews, 2014(5): 66-77.

[29] 王英斌. 法国大力扶植电动汽车 [J]. 世界知识, 1995(13): 7.

[30] 曾耀明, 史忠良. 中外新能源汽车产业政策对比分析 [J]. 企业经济, 2011(2): 107-109.

[31] 徐鹏. 新能源汽车的政策、体系和市场 [J]. 汽车与配件, 2009(40): 14-17.

[32] 钟太勇，杜荣. 基于博弈论的新能源汽车补贴策略研究 [J]. 中国管理科学，2015(s1)：817-822.

[33] 唐葆君，郑茜. 我国混合动力汽车经济激励政策的效果分析 [J]. 中国能源，2011，33(7)：24-29.

[34] 李泉，王小雪. 促进新能源汽车发展的财税政策研究——以上市汽车企业为例 [J]. 经济与管理，2012，26(6)：37-43.

[35] 张学龙，王军进. 基于 Shapley 值法的新能源汽车供应链中政府补贴分析 [J]. 软科学，2015(9)：54-58.

[36] Sierzchula W, Bakker S, Maat K, et al. The influence of financial incentives and other socio-economic factors on electric vehicle adoption[J]. Energy Policy, 2014, 68(5): 183-194.

[37] 谢旭轩，刘坚. 我国电动汽车发展面临障碍及政策建议 [J]. 中国能源，2014，36(8)：15-18.

[38] 李晓英，李敏. 新能源汽车产业发展现状及对我国发展的启示 [J]. 邵阳学院学报 (自然科学版)，2016，13(1)：68-76.

[39] 张永安，周怡园. 新能源汽车补贴政策工具挖掘及量化评价 [J]. 中国人口·资源与环境，2017，27(10)：188-197.

[40] 郑敬高，冯森，杨振东. 新能源汽车补贴政策的租金效应及其应对 [J]. 科学与管理，2014(6)：71-76.

[41] 邵慰，杨珂，梁杰. 政府补贴、研发激励与新能源汽车创新 [J]. 科技进步与对策，2018(8)：69-75.

[42] 曹飞韶，吴迪. 基于信号博弈的新能源汽车研发补贴分析 [J]. 科技管理研究，2015，336(14)：21-25.

[43] 范如国，冯晓丹. "后补贴" 时代地方政府新能源汽车补贴策略研究 [J]. 中国人口资源与环境，2017，27(3)：30-38.

[44] 孙红霞，吕慧荣. 新能源汽车后补贴时代政府与企业的演化博弈分析 [J]. 软科学，2018(2)：14-29，49.

[45] 郭燕青，李磊，姚远. 中国新能源汽车产业创新生态系统中的补贴问题研究 [J]. 经济体制改革，2016(2)：29-34.

[46] He Y, Zhang Q, Pang Y. The development pattern design of Chinese electric vehicles based on the analysis of the critical price of the life cycle cost[J]. Energy Policy, 2017, 109: 382-388.

[47] Sen B, Noori M, Tatari O. Will Corporate Average Fuel Economy (CAFE) Standard help? Modeling CAFE's impact on market share of electric vehicles[J]. Energy Policy,

2017, 109: 279-287.

[48] Langbroek J, Franklin J P, Susilo Y O. The effect of policy incentives on electric vehicle adoption[J]. Energy Policy, 2016, 94: 94-103.

[49] Li Y, Zhan C J, Jong M D, et al, Business innovation and government regulation for the promotion of electric vehicle use: Lessons from Shenzhen, China[J]. Journal of Cleaner Production, 2016(134): 371-383.

[50] 陈清泉：集成发展车联网，助力电动车产业 [J]. 电气时代，2015(10): 35-36.

[51] Skippon S M, Kinnear N, Lloyd L, et al. How experience of use influences mass-market drivers' willingness to consider a battery electric vehicle: A randomised controlled trial[J]. Transportation Research, 2016(92): 26-42.

[52] 郑月龙，冷峥峥，王琳 . 补贴退坡、共性技术供给与新能源汽车产业发展 [J]. 科学与管理，2018(2): 45-55.

[53] Nie Y, Ghamami M, Zockaie A, et al. Optimization of incentive polices for plug-in electric vehicles[J]. Transportation Research, 2016 (84): 103-123.

[54] 张建斌，王丽香，李梦莹 . 新能源汽车补贴的负面效应与补贴退坡预期影响研究 [J]. 经济研究参考，2018(5): 85-89.

[55] 马亮，仲伟俊，梅姝娥 . 政府补贴、准入限制与新能源汽车产业发展 [J]. 上海经济研究，2017(4): 17-25.

[56] 叶瑞克，高壮飞，刘康丽，等 . 俄罗斯可再生能源开发利用现状与展望 [J]. 南京工业大学学报 (社会科学版)，2018，17(3): 87-96.

[57] 王娜，中国新能源汽车发展关键影响因素识别分析 [J]. 南京工业大学学报 (社会科学版)，2017(4): 20-27.

[58] 张波，虞朝晖，孙强，等 . 系统动力学简介及其相关软件综述 [J]. 环境与可持续发展，2010(2): 1-4.

[59] Tan Y, Jiao L, Shuai C, et al. A system dynamics model for simulating urban sustainability performance: A China case study[J]. Journal of Cleaner Production, 2018(199): 1107-1115.

第十章
动力电池的预测仿真

进入 21 世纪，交通运输业成为全球能源消耗大户，占全球总能源消耗的 28%[1]，约 92% 的运输能源需求由石油满足，加剧了全球能源危机、环境污染和气候变化 [2]。新能源汽车具有节能、环保、低碳等多重优势 [3-4]，已经成为汽车行业发展的必然趋势。因此，新能源汽车在我国得到了快速的推广应用。作为新能源汽车最为关键零部件之一，动力电池数量也随之迅速增长，2018 年我国汽车动力电池出货量为 65GWh，占全球汽车动力电池出货量的 61.32%[8-9]。但动力电池使用寿命仅为 4~6 年 [10]，在新能源汽车报废之前便面临退役问题。据统计，2016 年我国动力电池的退役量约为 1.2 万吨 [11]，现有退役动力电池的损耗为其容量的 20%~30%，远低于被认为达到寿命终点的 70%~80%[12]；同时，电池含有大量重金属及有害物质，若处置不当，既浪费资源，又威胁着环境和人类健康 [13]。退役动力电池的回收再利用，关系到技术的经济性和政策的合理性，以及这两者与动力电池退役量之间的契合性。因此，对新能源汽车动力电池的退役规模进行预测意义重大。

一、国内外研究现状

国内外诸多研究都对动力电池寿命问题进行了探索。Kirti Richa 等 [14] 采用物质流分析（material flow analysis，MFA）法，选取电池寿命、安装量、新能源汽车销售量和汽车寿命 4 个因素，根据 2009—2011 年新能源汽车销售量统计和 2012—2035 年美国能源信息署的预测值、2010 年美国能源部的动力电池使用寿命分布等数据，预测了 2015—2040 年美国将累计产生 0.33~400 万吨锂离子电池，基准估计值为 130 万吨；Zeng 等 [15] 采用 Market Supply 法、Gompertz 曲线法，选取 2005—2010 年锂离子电池的产量、销售收入、出口量、出口收入等数据，预测发现 2020 年动力电池退役规模将超过 50 万吨；侯兵[16]采用 Stanford 模型，选取充换电设施数量、油电价差、电动汽车补贴、电池寿命等因素，以 2011 年电动汽车保有量、传统汽车保有量、充换电设施数量等数据为基础，预测 2012—2025 年动力电池退役总量为 113.20 万吨；彭结林[17]采用 Stanford 模型，以新能源汽车相关规划数据为基础，选取电池寿命、电池报废率、电池产量等 8 个影响因素，依据 2011—2015 年新能源汽车产量以 2016—2020 年新能源汽车产量的预测值，估算到 2020 年动力电池退役规模将达到 47.216 万吨，累计退役总量达到 126.329 万吨；中商产业研究院通过对企业质保期限、电池循环寿命、车辆使用工况等因素的综合考量，预测 2019 年后新能源汽车动力蓄电池将进入规模化退役，预计到 2020 年累计将超过 20 万吨（24.6GWh）[18]；此外，高工产研咨询有限公司、中国汽车技术研究中心、智东西内参、五矿经济研究院和东吴证券等相关研究机构，以及张永祥、黎宇科和杨若木等专家学者也做了相关预测研究。笔者对相关预测研究做了全面梳理，详见表 10.1。

表 10.1　国内外新能源汽车动力电池预测相关研究成果

作者	方法	影响因素选择	基础数据	预测结果
Kirti	MFA	电池寿命、电池安装量、新能源汽车销售量、汽车寿命	2009—2011 年销售统计值、2012—2035 年销售预测值	2015—2040 年累计 0.33~400 万吨，基准估计 130 万吨
Zeng	Market Supply、Gompertz	锂离子电池产量、销售收入、出口量、出口收入	2005—2010 年	2020 年将超过 50 万吨
彭结林	Stanford	电池寿命、报废率、产量等	2011—2015 年已知产量、2016—2020 年产量预测值	2020 年 47.216 万吨，2016—2020 年累计 126.329 万吨
侯兵	Stanford	充换电设施、油电价差等	2011 年	2012—2025 年累计 113.20 万吨
杨若木等				2018 年将达 14.03GWh，2020 年将达 37GWh
黎宇科等				2024 年 34 万吨，2014—2024 年累计约 100 万吨

续表

作者	方法	影响因素选择	基础数据	预测结果
张永祥	定性方法			2018 年将达 5.14GWh，2023 年将达到 48.09GWh
中商产业研究院		车辆使用工况、动力电池循环寿命、企业质保期限等		2020 年累计将超过 20 万吨（24.6GWh）
中国汽车技术研究中心		汽车报废年限、动力电池寿命等		2018 年累计将超 17 万吨，2020 年将超过 24.8 万吨，2025 年或达 35 万吨
智东西内参	定性方法	动力电池装机量、新能源汽车销量、能量密度等		2018 年约 4.2 万吨，2020 年约 16 万吨，2025 年约 65.56 万吨动力电池
五矿经济研究院	定性方法	——		2018 年达 6GWh，2020 年有 20GWh，2025 年有 93GWh
高工产研				2018 年将有 7.4 万吨，2020 年为 24.3 万吨
东吴证券		电池使用寿命、新能源车产销量	2014—2017 年电动汽车和插电式混合动力车产量	2018 年退役动力锂电池约 11.01 万吨，2023 年报废量约 74 万吨

　　文献梳理发现：①相关研究采用定性方法或 Stanford 等量化方法预测动力电池退役规模，影响因素筛选的理论支撑相对不足，也较难发现因素之间的内在关系和深层机理；②因素数量相对较少（多数为 4~10 个），同时由于预测时政府补贴退坡形势并不明朗，诸多研究都没有考虑政府补贴退坡因素；③在预测的基础数据选取上，时间序列数据偏少，且多采用新能源汽车的规划数据作为基础数据，没有考虑规划数据尤其是长期规划数据的不确定性。鉴于此，本研究对相关因素进行了深入分析和筛选，构建了新能源汽车推广应用的"市场—行业—技术"（MIT）理论模型，采用 SD+Stanford 嵌套方法，对 2019—2030 年我国动力电池退役量进行科学预测，以期为相应的新能源汽车推广应用及退役动力电池资源化利用提供决策参考。

二、研究方法与数据来源

（一）MIT 理论模型

如表 10.2 所示，新能源汽车产业的发展离不开市场（market）、行业（industry）和技术（technology），市场的需求决定着新能源汽车的需求，行业的盛衰决定着新能源汽车的供给，技术的革新直接决定了新能源汽车的使用寿命，同时也是产业可持续发展的关键基础。市场指新能源汽车交易各方参与交换所形成的系统，涵盖成本因素、财税政策、商业模式、购买力和交通因素等；行业指集新能源汽车研发、生产、应用、配套等于一体的产业体系，涵盖行业规模、研发投入和基础设施等因素；技术指影响新能源汽车产业发展的技术基础，新能源汽车包括整车技术和电池技术。

表 10.2　新能源汽车推广应用的 MIT 理论模型

一级要素	二级要素	三级要素
市场（M）	成本因素	油电价差
		电池成本
	财税政策	购置补贴
	商业模式	商业模式种类
	购买力	人均可支配收入
	交通因素	拥堵指数
行业（I）	行业规模	动力电池产量
		新能源汽车产量
	研发投入	国家研发资金
	基础设施	充电桩数量
		充电站数量
技术（T）	电池技术	能量密度
		循环寿命
	整车技术	续航能力
		最高车速

（二）SD+Stanford 嵌套模型

1. 系统动力学计算机仿真模型

通过 MIT 理论模型的构建，笔者全面梳理了影响新能源汽车产业发展的要素。在此基础上，笔者架构了系统动力学（SD）计算机仿真模型（图 10.1），并采用 Vensim 软件进行开发、检验和仿真模拟研究。

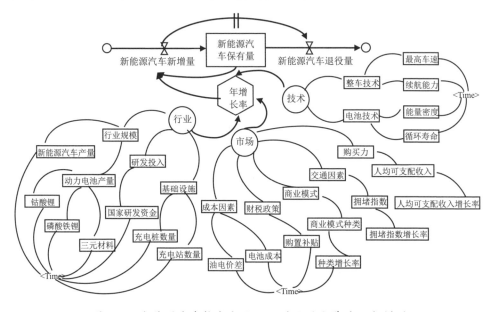

图 10.1　新能源汽车推广应用 MIT 系统动力学（SD）模型

2. Stanford 模型

目前，Stanford 模型普遍被用于对电子废弃物（如锂电池）规模的预测[20]，也有一些学者将其作为新能源汽车动力电池的预测模型[16, 21]。本研究综合考虑新能源汽车新增量、退役报废量和动力电池的使用寿命等因素，建立动力电池退役量预测公式如下：

$$Q = \sum_{i=0}^{n} S_i \times P_i \times W$$

式中，Q 为第 i 年动力电池退役量，n 为动力电池的生命周期，S_i 为从计算退役量当年算起前 i 年的新能源汽车新增量，P_i 为新增的新能源汽车中的动力电池经过 i 年后退役比例，W 为单组动力电池重量。

（三）模型假设、参数设定及检验

假设 1：根据我国现有技术水平，假定在同样的行驶条件下，新能源汽车的使用寿命为 15 年，动力电池的使用寿命为 5~10 年，但是由于不确定因素，部分动力电池实际寿命可能少于 5 年。因此，把 2011—2030 年动力电池的寿命分为 9 年、7 年、5 年、3 年 4 个等级，并假定新能源汽车动力电池的平均质量为 600 千克。

假设 2：确定新能源汽车新增量和退役量为速率变量，新能源汽车保有量为水准变量，动力电池产量、新能源汽车产量、国家研发资金、充电桩数量、充电站数量、油电价差、购置补贴、电池种类、人均可支配收入、循环寿命、电池成本、能量密度、续航能力、拥堵程度、最高车速等为辅助变量（表 10.3）。

假设 3：国务院于 2011 年印发《节能与新能源汽车产业发展规划（2012—2020 年）》，2011 年可视为新能源汽车产业发展史上的一个关键年份，因此本研究以 2011 年数据起始点。

表 10.3　参数（初始值）设定

变量名	初始值	单位
磷酸铁锂电池产量	0.2	万吨
三元材料电池产量	0.6	万吨
钴酸锂电池产量	1.9	万吨
动力电池产量	2.7	万吨
新能源汽车产量	13470	辆
国家研发资金	7684	百万欧元
充电站数量	171	座
充电桩数量	9205	个
油电价差	6.3	元 / 焦耳
电池成本	260	美元 / 千瓦时
购置补贴	7	元 / 公里
商业模式	1	种
循环寿命	3100	次 /10 年
能力密度	90	瓦时每千克
续航能力	100	公里
最高车速	100	公里 / 小时
人均可支配收入	1.692e+004	元 / 人

数据来源：中国汽车技术研究中心 . 北京国能赢创能源信息技术有限公司等 . 节能与新能源汽车年鉴（2011）[J]. 中国经济出版社出版，2012.

鉴于数据的可获得性，本研究将模型 INITIAL TIME 设置为 2011 年，现值为 2011—2018 年，预测 FINAL TIME 设置为 2030 年，步长为 1，单位为年。在查阅文献后，通过对方程与参数进行初始设定，进行仿真调整。为检验构造模型与实际值之间的吻合程度，通过以新能源汽车新增量为目标，进行模型有效性检验，误差率均在 10% 以内，则判定模型有效（表 10.4）。

表 10.4 实际值与估计值比较

年份	新能源汽车年新增量		
	实际值 / 万辆	初始值或估计值 / 万辆	误差率 /%
2011	1.35	1.35	—
2012	2.88	2.62	−9.03%
2013	3.63	3.42	−5.79%
2014	10.27	10.31	0.39%
2015	40.13	42.34	5.51%
2016	60.24	62.31	3.44%
2017	77.70	79.12	1.83%
2018	120.90	125.60	3.89%
合计	317.10	327.07	3.14%

（四）预测步骤

第一步，将已有 2011—2018 年三级要素数据导入 SD 模型，得出相关要素的参数值和我国新能源汽车年增长率；第二步，将 2011—2018 年我国新能源汽车新增量、退役量、保有量的历史数据导入 SD 模型，预测我国新能源汽车 2019—2030 年的新增量；第三步，将预测得出的我国新能源汽车新增量导入 Standford 模型，预测我国的动力电池退役量。

（五）数据来源

所选取的三级要素数据分别来自《锂电正极材料研究报告》[22]、2012—2017 年《节能与新能源汽车年鉴》[23]、2013—2018 年《全球电动汽车发展指数》[24]、《2018 节能与新能源汽车发展报告》[25]、2010—2018 年《中国主要城市交通分析报告》[26]、中国电动汽车百人会研究报告《促进动力电池产业发展的几点思考》[27]、《节能与新能源汽车技术路线图》[28] 等相关统计年鉴和会议报告。

三、预测结果及分析

（一）预测结果

预计到 2030 年，我国新能源汽车新增量将达到 3811 万辆（图 10.2），进一步预测显示，2030 年，我国动力电池累计退役量为 289.2 万吨（图 10.3）。

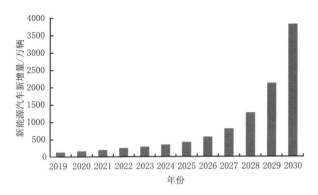

图 10.2 我国新能源汽车新增量趋势

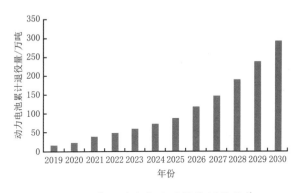

图 10.3 我国动力电池退役量增长趋势

（二）动力电池退役的三阶段划分

预测数据显示，我国新能源汽车动力电池退役量将呈现持续增长态势，根据增速可以划分为 3 个阶段。①平缓期：2020 年前，该阶段动力电池开始出现退役。由于传统燃油汽车市场强劲，我国汽车市场以传统燃油汽车为主，新能源汽车市场薄弱，消费者购买意愿不强，动力电池退役量较少，增速不显著。

②发展期：2021—2025 年，随着新能源汽车市场规模扩大及整车技术与电池技术的提升，新能源汽车的生产成本下降，消费者选购新能源汽车意愿开始上升，使动力电池退役量开始上升。③井喷期：2026—2030 年，经过前两个阶段，新能源汽车技术成熟，规模生产，成本大大降低，消费者购买意愿更高，新能源汽车新增量增加，动力电池开始大规模退役，退役量呈现井喷式增长。

（三）一级因素仿真：技术进步对于缓解动力电池退役量的影响显著

一方面，技术进步会推动新能源汽车的普及，推动动力电池使用的增加，从而增加退役量；另一方面，技术进步将推动车辆和电池的轻量化，提升电池寿命，从而减少动力电池的退役量。那么，技术进步对于动力电池退役量的影响究竟如何？是减缓还是推动？本研究通过对一级要素"技术"提升 25%、50%、75%，得到动力电池退役量汇总（图 10.4）。研究发现，技术进步后，2027 年之后动力电池退役量上升趋势减缓，而且技术提升的幅度越大，减缓越明显。2030 年，当技术提升 75% 时，动力电池退役量将达到 241.1 万吨，较技术维持原状发展，所得的退役量下降了约 16.63%，技术进步减缓动力电池退役量的影响显著。

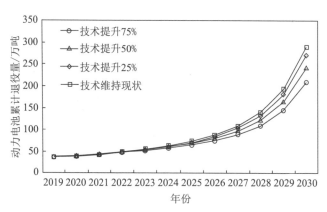

图 10.4　不同技术情境下动力电池退役量增长趋势

（四）二级要素仿真：整车技术与电池技术提升对于减缓动力电池退役量具有叠加效应

为进一步考察整车技术与电池技术对退役量的独立影响及其叠加效应，笔者分别通过对二级要素"整车技术"提升25%、50%、75%，"电池技术"提升25%、50%、75%，"整车技术"与"电池技术"均提升25%、50%、75%后（图10.5~图10.7），发现：①整车技术与电池技术的提升对于减缓动力电池退役量影响显著；②整车技术与电池技术的提升对于减缓动力电池退役量具有"1+1>2"的叠加效应。

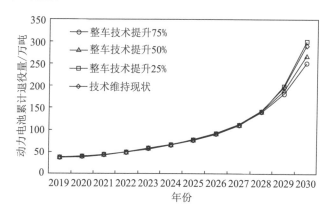

图 10.5　整车技术提升情境下动力电池退役量增长趋势

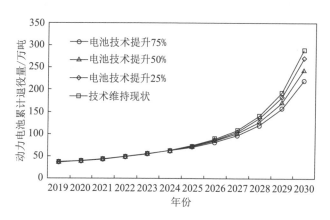

图 10.6　电池技术提升情境下动力电池退役量增长趋势

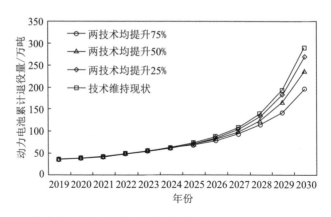

图 10.7　整车技术与电池技术双提升情境下动力电池退役量增长趋势

（五）三级要素仿真：购置补贴退坡（取消）对动力电池退役量的减缓效应显著

2020 年底，我国全面取消新能源汽车补贴政策。补贴退坡究竟对市场产生何种程度的影响？对动力电池退役量的影响又如何？笔者选择了三级要素"购置成本"对动力电池退役量进行仿真预测，分别模拟 2020 年购置补贴政策取消与不取消情况下动力电池的退役量（图 10.8）。预测发现：到 2030 年，购置补贴政策不取消，动力电池的退役量将达到 831.4 万吨，较购置补贴取消情况下，动力电池的退役量增加了约 187.48%。由此，补贴退坡（取消）对动力电池退役量的减缓效应显著。

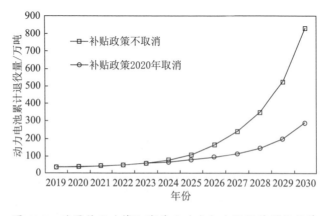

图 10.8　购置补贴政策取消前后动力电池退役量增长趋势

四、结论与讨论

本研究采用新能源汽车推广应用的 MIT 理论分析框架，综合考量行业、技术和市场等影响因子，采用 SD+Stanford 嵌套方法预测动力电池退役量及其相关影响因素，基本结论如下：①我国新能源汽车动力电池退役量将持续增长，根据增速可划分为三个阶段，即平缓期、加速期和井喷期；②在诸多因素中，技术进步是减少动力电池退役量的重要因素；整车技术与电池技术的提升对于减缓动力电池退役量影响均较为显著，且两者具有"1+1>2"的叠加效应；③ 2020年购置补贴政策退坡后，对动力电池退役量的减缓效应显著。上述结论蕴含的政策含义如下。

（1）分阶段推进回收利用体系建设。在平缓期，着力做好动力电池回收利用试点工作，并及时总结试点经验教训，适时评估，及时修订《新能源汽车动力蓄电池回收利用管理暂行办法》（工信部联节〔2018〕43 号）。在加速期，应加快构建合理的回收利用体系和回收服务网络。构建以动力电池回收利用企业为主体，新能源汽车企业、动力电池企业、储能等主体参与的回收利用网络，加快创建回收服务网点；做好动力电池回收服务网点等信息公开，确保生产者责任延伸制度得到落实。在井喷期，加强信息技术在动力电池全生命周期的应用，联合新能源汽车及动力电池企业、动力电池分选及拆解企业、梯次利用企业等主体，共建逆向的大数据系统，完全实现对退役动力电池的可追溯管理系统，提高动力电池回收利用的质量和效率。

（2）加强整车技术与电池技术的研发。研究显示，技术提升对于缓解动力电池退役量的影响显著。因此，加快发展整车技术与电池技术，可有效减缓动力电池退役量增长趋势。可以从以下两点展开。①汽车及电池轻量化。研究显示，新能源汽车的质量每降低 10%，其续驶里程可增加约 5.5%[29]。因此，轻量化可减少动力电池需求，从而减少动力电池退役量。②在提升锂电池电池性能、提高动力电池使用寿命的同时，加快研发新型电池技术，例如，锂—空气电池（lithium–air battery）、氢燃料电池等新型电池技术。

（3）充分考虑补贴退坡和取消的政策影响，合理配置新能源汽车动力电池回收利用系统的资源。一方面，构建合理的回收利用处理系统的规模，并按照

"先梯次，后再生"的原则，综合利用动力电池，尽可能地提升资源回收利用率，降低回收利用成本。相关研究显示，我国在电动自行车市场、微型电动汽车市场、电力储能市场，可对退役动力电池进行梯次利用[30]。可在退役动力电池完全失去再利用价值后，对其进行拆解和化学处理，回收镍、钴等金属，实现"再生"。另一方面，充分发挥市场在资源配置中的决定性作用，加强商业模式创新，如以租代售模式，并加强政策引导，鼓励社会资本进入动力电池回收利用项目，提高资源配置效率。

参考文献

[1] International Energy Agency. Energy Efficiency 2017[R]. New York America: International energy agency, 2017.

[2] Renewable Energy Policy Network for the 21st Century. Renewables 2018 Global Status Report[R]. Paris France: Renewable Energy Policy Network, 2018.

[3] 叶瑞克，朱方思宇，范非，等.电动汽车共享系统(EVSS)研究[J].自然辩证法研究，2015，31(07): 76–80.

[4] 叶瑞克，陈秀妙，朱方思宇，等."电动汽车—车联网"商业模式研究[J].北京理工大学学报(社会科学版)，2012，14(6): 39–44.

[5] 任泽平，连一席，郭双桃.2019中国新能源汽车发展报告[R].恒大研究院，2019.

[6] 智研咨询.2017—2023年中国新能源汽车产业竞争现状及未来发展趋势报告[R].智研咨询集团，2017.

[7] 罗兰贝格汽车行业中心&亚琛汽车工程技术有限公司.2018年全球电动汽车发展指数研究报告[R].罗兰贝格，2018.

[8] 陈清泰.促进动力电池产业发展的几点思考[R].中国电动汽车百人会，2018.

[9] 高工产研锂电研究所.2018年中国锂电池回收再利用市场前景分析报告（第三版）[R].高工产研锂电研究所，2018.

[10] 黎宇科，郭淼，严傲.车用动力电池回收利用经济性研究[J].汽车与配件，2014(24): 48–51.

[11] 陈宇轩.新能源汽车动力电池"报废潮"来袭产业风口来临[EB/OL]. (2018–03–26) http://www.nea.gov.cn/2018–03/26/c_137066469.htm.

[12] 韩路，贺狄龙，刘爱菊，等.动力电池梯次利用研究进展[J].电源技术，2014，38(3): 548–550.

[13] Zeng X, Li J, Liu L. Solving spent lithium−ion battery problems in China: Opportunities and challenges[J]. Renewable and Sustainable Energy Reviews, 2015, 52: 1759−1767.

[14] Richa K, Babbitt C W, Gaustad G, et al. A future perspective on lithium−ion battery waste flows from electric vehicles[J]. Resources Conservation & Recycling, 2014, 83(1): 63−76.

[15] Zeng X, Li J, Ren Y. Prediction of various discarded lithium batteries in China[C]. IEEE International Symposium on Sustainable Systems & Technology. IEEE, 2012.

[16] 侯兵. 电动汽车动力电池回收模式研究 [D]. 重庆：重庆理工大学，2015.

[17] 彭结林，朱华炳，何双华. 基于 Stanford 模型的动力电池报废量估算研究 [J]. 机械制造与自动化，2018，47(5): 206−209.

[18] 中商产业研究院. 中国动力电池回收产业发展前景研究报告 [J]. 电器工业，2018(11): 21−31.

[19] 罗兰贝格汽车行业中心 & 亚琛汽车工程技术有限公司. 2018 年全球电动汽车发展指数研究报告 [R]. 罗兰贝格，2018.

[20] Wilkinson S, Duffy N, Crowe M, et al. Waste from Electrical and Electronic Equipment in Ireland: A Status Report[M]. Published by Environmental Protection Agency, Ireland, 2004.

[21] 彭结林，朱华炳，何双华. 基于 Stanford 模型的动力电池报废量估算研究 [J]. 机械制造与自动化，2018，47(5): 206−209.

[22] 中国化学与物理电源行业协会. 2018 年锂电正极材料研究报告 [R]. 2018.

[23] 中国汽车技术研究中心. 节能与新能源汽车年鉴（2011）[M]. 北京：中国经济出版社，2012.

[24] 罗兰贝格汽车行业中心 & 亚琛汽车工程技术有限公司. 2018 年全球电动汽车发展指数研究报告 [R]. 罗兰贝格，2018.

[25] 中国汽车技术研究中心有限公司. 2018 节能与新能源汽车发展报告 [M]. 北京：人民邮电出版社，2018.

[26] 高德地图. 中国主要城市交通分析报告 [R]. 高德地图，2018.

[27] 陈清泰. 促进动力电池产业发展的几点思考 [R]. 中国电动汽车百人会，2018.

[28] 欧阳明高. 节能与新能源汽车技术路线图 [R]. 节能与新能源汽车技术路线图战略咨询委员会，2016−10−26.

[29] 秦建军. 电动汽车整车技术方案的设计 [J]. 汽车工程师，2019(6): 29−32.

[30] 周志敏，纪爱华. 电动汽车动力电池梯次利用与回收技术 [M]. 北京：化学工业出版社，2019.

后 记

2005 年 2 月 16 日，《京都议定书》正式生效，这是人类历史上首份限制温室气体排放的法规。2016 年 4 月 22 日，170 多个国家领导人齐聚纽约联合国总部，共同签署应对气候变化问题的《巴黎协定》，承诺将全球气温升高幅度控制在 2℃ 以内。从《京都议定书》到《巴黎协定》，气候变化的严重性和全球气候治理的紧迫性已成为全球共识。2020 年 9 月，国家主席习近平在第七十五届联合国大会一般性辩论上阐明，应对气候变化的《巴黎协定》代表了全球绿色低碳转型的大方向，是保护地球家园需要采取的最低限度行动，各国必须迈出决定性步伐；同时提出"双碳"目标，中国将提高国家自主贡献力度，采取更加有力的政策和措施，二氧化碳排放力争于 2030 年前达到峰值，努力争取 2060 年前实现碳中和。目前，我国碳排放总量约 100 亿吨/年，占全球二氧化碳排放量的 1/3，已成为全球最大的二氧化碳排放国。我国二氧化碳排放中，工业、建筑和交通领域呈"三分天下"态势，占比分别为 65%、20% 和 10%。汽车工业经历了百余年发展历程，受到石油危机、能源安全、大气污染和全球气候变暖等多重因素的影响，已然开始一场低碳革命。

自 2009 年起，笔者长期关注新能源汽车产业发展和推广应用议题。记得当时，我的老师鲍健强、倪哲明夫妇送了我一本外文著作《插电式电动汽车：华盛顿扮演什么角色》(*Plug-in Electric Vehicles: What Role for Washington*)，我带领研究生将其翻译成中文，自此第一次真正接触新能源汽车的研究。十多年来，虽然成果不算丰硕，但是也陆陆续续发表包括刊登在 SSCI 一区期刊、ABS 三星期刊在内的十余篇论文，培养了近十位研究新能源汽车发展的硕士研究生，指导的学生曾获得全国挑战杯一等奖、全国能源经济大赛二等奖和全国节能减排大赛二等奖。2015 年，成功申报浙江省社科规划课题"电动汽车应用推广对策研究"。2017 年，成功申报国家社科基金项目"后补贴时代我国新能源汽车推广应用政策研究"。

　　学术研究的目的不仅在于解决科学问题，而且在于为社会、为政府发挥智库作用。2013年4月，笔者就新能源汽车应用推广接受《浙江日报》采访，采访内容被写成《电动汽车，何时畅行？》一文，并被新华网、新民网、新浪、网易、搜狐、智能电网以及各地方网站等几十家网络媒体转载；2013年5月，受邀参加浙江卫视民生频道"民生圆桌会"的节目录制，商讨新能源汽车发展议题；多次受邀《亮报》（国家电网主办）撰稿，著有《交通电气化：节能与环保的双赢选择》《纯电动汽车：我国发展新能源汽车的战略取向》等评论文章。2013年5月，《推广电动汽车，治理城市雾霾》获得时任浙江省副省长批示；2013年7月，《推广电动汽车，促进交通部门碳减排和雾霾治理》获得时任中国科协党组书记批示，并汇总提交国务院李克强总理；2014年2月，《电动汽车应用推广研究》获浙江省科学技术协会"优秀科技工作者建议"；2014年11月，《关于借鉴国外成功经验，发展杭州电动汽车共享系统的建议》获得时任杭州市副市长批示；2018年6月，《各兄弟城市推广应用新能源物流车专题》获得时任省委常委、杭州市委书记批示。

　　综上，本书的出版，是对以往研究成果的系统梳理和提炼，也是进一步的推进和提升。同时，本书也是国家社科基金"后补贴时代我国新能源汽车推广应用政策研究"（项目编号：17BGL166）的研究成果。从项目申报到书稿撰写再到成文付梓，每个环节都融入了诸多同仁的智慧。除笔者对全书的贡献外，各章的主要贡献者还包括：欧万彬等（第一章）、陈秀妙等（第二章）、欧雯雯等（第三章）、倪维铭等（第四章）、鲍健强等（第五章）、吴昊俊等（第六章）、王钰婷等（第七章）、俞董莘等（第八章）、高壮飞等（第九章）、唐朝等（第十章）。

　　将其付梓出版之时，要特别感谢鲍健强、倪哲明夫妇的学术引领与悉心栽培；感谢参与该书撰写工作的所有同仁；感谢中国汽车技术研究中心数据资源中心发展运营室主任齐亮先生为本书所涉及研究提供了很多十分有价值的数据资料；感谢浙江工业大学应用经济学研究生刘彬同学、国际经济与贸易专业本科生斯毓秀同学对审稿校稿的投入与负责。本书参考和引用了一些专家学者的文献资料与研究成果，在此深表感谢；对失察疏漏未标注者深表歉意。由于作者研究视角和水平的限制，有些观点与论述可能值得商榷，恳请广大读者与同行批评指正。

叶瑞克

2021 年 11 月 11 日